高城幸司
リクルート
最年少ディビジョン
エグゼクティブ

年上の部下を持つ上司たちへ

情報
センター
出版局

JN270399

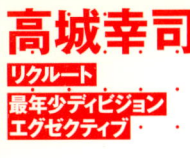

年上の部下を持つ上司たちへ

Introduction

この本を手にしたあなたに

本書は、いま仕事上で「つまずき」を抱えている「上司」のための本である。

私はカウンセラーでもコンサルタントでもない。リクルートという会社を舞台にして走ってきた、どちらかといえば不器用なビジネスマンである。しかし、だからこそ、人から相談を受けるたびに、その気持ちがとてもよくわかる。どの悩みも、かつて味わったものだからだ。

そんな私だが、ひとつだけ自慢できることがある。

それは、「常に仕事を面白がってきた」ということである。

どんな役割や部署になろうとも、そのときどきで〝やりがい〟を感じつづけてきた。なぜか。ひとことで言えば、誰のマネもせず納得できることをかまわずやってきたからである。そしてそのための工夫なら人一倍したからである。

もちろん、ときには大ケガもするし、落ち込むこともあるが、すべて自分で選びとったことだから悔いはない。

「人生は楽しむためにある」。私はそう思っている。仕事もそのためにある。会社に「使われる」のではなく、いかにして「自分の栄養」にするか――。

このスタンスは結果として、業務にも会社にもおおいにプラスに作用した。

4年間連続トップ営業マンになり、入社5年目にして部下を持ち、いま、最年少でディビジョンエグゼクティブ（事業部長）という役職にある。

人より早めの「出世」は、会社に「尽くした」からではなく、自分を「活かした」からである。

ただし、私は出世や昇進といったものには、ほとんど関心がない。それらはあくまで結果であり、目標ではない。

「そんなふうにできれば悩まないよ」と言うかも知れない。けれども実は、ほんのささいなことが分かれ道なのだ。

少しだけ発想の転換をし、少しだけ日常の行動に工夫をすることで、悩みのかなりの部分は解消されるにちがいない。それによって業績もあがるだろうし、何より自分の人生が輝きを増すはずだ。少なくとも、私はそうだった。

ここで紹介する発想法と行動術は、すべて私自身が実践してきたことである。全部を実行する必要はないが、できそうなことから一つでも二つでも試してほしい。

何かが〝変わる〟ことを、きっと実感してもらえることと思う。

年上の部下を持つ上司たちへ　目次

第2章 「新時代型上司」の日常術

第3章 年上部下への「苦手意識」克服法

第4章 明日から試したくなる具体策

イラストレーション
•
土谷尚武

装丁
•
木庭貴信
（オクターヴ）

第1章

会社と個人の「新しい関係」の作り方

Chapter 01

仕事の満足度を高める知恵

上司と部下の関係だけでなく、私は「会社と個人の新しい関係」を築こうと提唱している。これは、ひとことで言えば「自分という一個人に立脚した関係、対等にお互いの利益を求める関係」である。もちろん、組織の一員である以上、すべて思うがままに進められるわけではない。ただ、そこから〝なしくずし的に〟働かされていくのか、〝できることから変えていこう〟としていくのかで、道は大きく分かれていく。

物事が変化していくときというのは、どんなときでも、最初はほんのちょっとしたことから始まる。大切なのは、初めの一歩を踏み出すかどうかだ。

たとえば、気持ちの持ち方。同じことをするのでも、会社のために、上司のために、部下のために、何かを「しなければならない」——そう思った瞬間に、その時間は切り売りになる。しかし、何かを「したい」と思えば、すべては自分のための時間になる。

私は、営業で行きづまったとき、〝幸せ度数を低く設定する〟という方法を教わって救われたことがある。

ノルマ達成に追われていたころは、お客様のところにでかけても、契約が成立しなかったらガックリ肩を落として帰っていた。しかし、いったんノルマの呪縛《じゅばく》から解き放たれると、「契約は成立しなかったけれど、今日はあの人とじっくり話ができてよかった」と、別の小さな喜びがあることがわかった。それが余裕にもつながり、交渉相手に好印象を与えるという効果ももたらした。

「自分は本来こんな役割や業務はしたくないんだ」と思っている人も、さまざまな仕事内容を子細に眺めてみれば、なにかやりがいが見いだせるのではないだろうか。

また、ささいなことでもいいから、そこに自分の色を出してみてはどうだろう。私の場合、お客様のところに行くときに、売りたい商品の押し出しをするよりも、相手の実状を徹底リサーチし、困っていることを見つけだし、それと自社商品をいかにつなげるか、という営業スタイルを追求した。

最終的に売り込むことに変わりはないが、自分の都合より相手の都合から話を始める、という切り込み方でライバルに差をつけたのである。

以来、ストレスよりも意欲のほうが上まわり、仕事は創造の場になった。

Chapter 02

仕事は人生のすべてではない

仕事が人生のすべてだ——そう思っている人には、仕事上のトラブルが、そのまま人生の大打撃となるだろう。

しかし、仕事は人生の一部だ、と思っている人には、トラブルもまた、人生という大きな海の中のひとつのアクシデントとして認識されることになる。

同じ事態に直面しても、仕事観によってこれだけ余裕に差が生じるのだ。

私が、人生＝仕事といった働き方を好まないのは、仕事自体にも、そういう姿勢がいい影響を与えないからである。誰でも知っているように、余裕がないときには、道は開けにくい。もちろん、仕事と真剣に向き合うことと、「仕事は仕事」と割り切ることとは矛盾しない。ここを混同して、その結果自分を追いつめている人が案外多い。

仕事と人生を切り離し、他のことにも目を向けることで、仕事はより楽しくなり、幅も広がってくる、というのが私の実感である。

私は、27歳のとき、営業訪問がきっかけで「異業種交流会」に参加するようになった。そして、そこで出会った人とのつながりで「酒と文化と夢を語る会」をつくった。そのうち、日本酒のことをもっと勉強したくなり、ついには「利き酒師」の資格をとり、さらにはワインのソムリエの資格もとり、いまでは日本酒サービス研究会の理事も務めている。これらはすべて、がむしゃらに数字に追われていたころには気づきもしなかった自分の別の顔である。

いままでの仕事では決して会うことのなかった人々と出会い、人脈が一気に広がった。そこには、利益追求の会社組織とは全く違う世界があった。環境は人を変えていく。より広い世界に足を踏み入れることで、人間としての奥行きもできたように思う。

また、こうしたプライベートゾーンの充実は、上司という役割にも少なからずプラスの影響を及ぼすことになった。仕事とは違う分野でも満足度の高い日々を送ることで、仕事のストレスは解消されたし、広範なジャンルで活躍する人とのふれあいは、自然に貴重なマーケティング効果ももたらした。

もちろんこれは副次的な産物で、あくまでも自分が楽しむことが目的。もし「これも仕事のため」などという発想でしか動けないいなら、やめておいたほうがいいだろう。

Chapter 03

新時代に輝けるビジネスマンの条件

安定した会社に入れば、それが将来を約束するといった時代は去ってしまった。安定した会社などなくなった、と言ったほうがいいかもしれない。

下請け会社の平社員として下積み10年、課長代理として5年も勤めたAさんの会社が、ある日突然大手会社に合併された。その瞬間、待ちに待った「来年、支店長になってください」という昇進の辞令が白紙に戻された——。

長年の苦労に対して、むごい話ではある。しかし、このようなことがいつ起きてもおかしくない、それが現代の会社の姿である。いまや「年功序列」には終止符が打たれつつあることは、誰もが実感している。年をとれば一定のポストに就けるという考えは、もはや通用しなくなった。

さて、問題はここからである。このような変化に対して、あなたはどのような態度で臨んでいるだろうか。

①「でも自分だけは、そのうち……」と、どこかで期待している。
②安心はしていない。だから切られないように、なるべく会社の意向に添えるよう配慮している。
③年功序列的な考えはバッサリ切り捨てている。自動的な出世や安定は期待していない。

①は、自然な感情ではある。しかし、先行きの見えない希望にすがるのは、精神衛生上あまり好ましいようには思えない。

②はさらに息苦しい。この態度では、常に裏切られたときのショックに脅えることになる。このような受け身の働き方では、会社には都合がよくても、あなた本来の可能性を伸ばすことはできない。しかも、そのように耐えつづけたとしても、必ずあなたの望むような展開になるとはかぎらない。

私は、これからのビジネスマンは、まず③の立場にしっかり立つことから始めるしかないと思っている。

この不安定な時代は、考え方によってはチャンスである。

会社の意向を気にする自分とさよならし、先の見えないことに期待したり、自分を抑えることをやめ、そこに費やしていたエネルギーを、すべて自分の望むワーキングスタイルに注ぐように割り切るのである。〝もう自分の実力で勝負するしかない〟と腹をくくるということだ。

長年しみついた発想を変えるには、自覚的に転換しようという勇気が必要だが、いったん割り切れれば、絶対にこのほうが仕事が楽しくなる。

そして「この仕事で自分が何をすべきか、自分に何ができるか」を自問自答せざえるを得なくなる。ここがポイントだ。

そこから、あなたのいまの閉塞《へいそく》状況を突破できるからである。

壁にぶつかったときは、いったんシンプルな位置に自分を置くことが大切である。実現可能かどうかはあとで考えればいい。まずは自分の声に耳をすましてみよう。

「こんなこともできる」「あんなふうにしてみたい」――子どものころのように夢想してみよう。どんなに小さなことでもいい。これまでになかった考えが浮かんできたら素晴らしい。

新たなアイデアや構想が湧き出してくるときのちょっとした興奮は、仕事の醍醐味《だいごみ》、いや人生の醍醐味のひとつである。

「やらされている」を「やっている」へ、「せねばならない」から「やりたい」へ。

新しい時代のビジネスマンは、自分の可能性を資本にして、いかに輝くかが勝負である。

会社における自分の存在価値とは何なのか。必ずあなたにしかできないことがある。

次の一歩を踏み出すために、一度、立ち止まって考えてみてほしい。

Chapter 04

上司にも部下にもガマンがあって当然だ

上司の役割がイヤになったとき、あるいは仕事自体がイヤになったとき、それを変えていくには、イヤになった原因を取り除くしかない。しかし、すぐに解決しないのであれば、まずはその気分を引きずらないよう、ちょっと考え方を変えてみてはどうだろう。

私は仕事について、いつもこう思っている。

「お金をもらっているにしては楽しい」

自分の本当にしたいことは、プライベートで実現する。いったん、仕事は仕事と割り切ってみるのだ。すると、仕事ですべてを満たそうとは思わなくなる。お金と引き替えに少々のガマンはあって当たり前、と比較的素直に思える。

このスタンスだと、最初から仕事に多大な期待をしなくなる。すると、何かちょっとでもいいことがあると、とてもトクした気分になる。発想の転換で、同じ状況でも満足度が違ってくるのだ。

「辞めさせていただきます」ときっぱりぶつけた人が、受理され、いざ退職する日が近づくにつれて、「本当に辞めていいのだろうか」という思いにとらわれることがある。

イヤなことで頭がいっぱいになっているときは、いまの仕事のいい点には目がいかないものである。ところが、辞意を表明して、困難が取り払われることが決まったとたん、冷静に振り返ることができるようになるからだ。

そのなかで、これまであまり自覚していなかった喜びに気づいたりする。「新規開拓の快感は他では得難いなあ」「右も左もわからなかった部下が契約をとってきたときのうれしさは格別だなあ」……。

一つひとつの業務の中で、何に自分が充実感を見出していたかがわかってくるのだ。

どんな仕事にでも、必ずつらい面と楽しい面がある。いまの仕事が自分にとって魅力がない、と本当に思うのなら、私は辞めるのも大いに結構だと思う。

だが、両方の側面のうち、マイナス面だけに目を奪われているのだとしたら、決断する前に、もう一度よく考える時間があっていいはずだ。

たとえば、そのいい面が、「上司の仕事はイヤだけど、給料はいいから」というように、仕事内容ではなくて、待遇面であってもかまわない。それもあなたの価値なのだから。ただ、その場合は、冒頭にあげたように、給料の対価としての少々の苦労は引き受ける覚悟が必要だろう。そうでなければ、また耐えられない日が来る。

もうひとつ、「つらいなあ」と思っている人に問うてみたいことがある。それは、仕事とやりたいこととをどういう関係に置いていますか？　ということである。

たとえば、海外旅行が好きな人には、趣味をまっとうさせるために、ツアーコンダクターのような仕事をするという選択と、海外旅行とは無関係ながら、長期休暇がとれる会社に身を置くという選択とが考えられる。

私の場合は、後者を選んでいることになる。

海外旅行がしたいなら、休暇をとって行く。仕事と一致しなくても不都合はない。というより、別にしたほうが趣味も仕事も純粋に追求できる。

自分の趣味をそのまま仕事にするというのは、考えているほど生易しいものではない。趣味として好きだったものが、仕事にしたことで幻滅してしまうことだってあるわけで、むしろそういうことを承知の上で臨まないことには、絶対に続かないはずである。「好きなことを仕事にするな」といわれるのも、そういうことだろう。

多くの人は、私と同じように、趣味と全く関係ない仕事をしているのではないだろうか。好きでもない仕事を続けるのはつらい、と思っている人も少なくないだろう。

私は仕事は仕事と割り切れ、と言った。しかしそれは、仕事が無味乾燥でもいい、という意味ではない。ビジネスそのもののなかにも、楽しさがたくさん詰まっている。それは、待っていても手には入らないが、意欲的に「面白くしてやろう」と思っている人は、必ず得られるものだ。

どんな職種でも、どんな役割でも、それを面白くするか苦行にするかは、すべて本人にかかっている、ということだ。

Chapter 05

仕事の中からやりがいを見出す法

学生時代の就職活動では面接の際必ず「あなたは何をやりたいのですか？」と聞かれる。誰でも面接用の答えは用意するが、人生経験の浅い学生のこと、実際には漠然としたイメージしかないはずだ。私もそのひとりで、最初は企画に関わる仕事がしたいと思っていた。クリエイティブな感じがしたからだ。

希望は叶った、かに見えた。リクルートに入社した私は、「情報ネットワーク総合企画課」に配属されたからだ。しかし、フタを開けてみたら、与えられた仕事は新規開拓への飛び込みを専門とするバリバリの営業だった。「営業だけはやりたくない」と思っていた。ノルマに追われ、お客様にぺこぺこ頭を下げつづけ、創造性のかけらもない……、それが私の営業の「イメージ」だったからだ。

実際、仕事はきつかった。飛び込みだから、相手からけんもほろろの対応をされることなどザラである。門前払いは当たり前、渡した名刺を破られたことさえある。「なんでこんなことをしなくちゃいけないんだ」とやり場のないむなしさに襲われた。仕事は「イヤイヤするもの」以外のなにものでもなかった。

その私が、社内で4年連続トップ営業マンになり、自分の営業哲学とノウハウを紹介する本を出すまでになったのには、あるきっかけがあった。

入社したころ、社内では営業のロールプレイングを行なっていたのだが、あるとき、「おまえは絶対売れる営業マンにはなれない」と言われたのである。「いまに見返してやる」。ムッとした私はそう思った。そして次の日から、売れている営業マンの電話を注意深く聞き、セールストークを習得していった。

「やらされている」のではなく、自ら学習していることは、すぐ頭に入っていく。間もなく仕事がとれるようになった。するとそれが面白くなり、次はああしてみよう、こうしてみようと、いつのまにかはまっていった。気がついたら、営業はかけがえのない「創造的な仕事」になっていた。「営業ほど奥の深い仕事はない」と胸を張って答えるまでになったのである。

同じように働いていても、辞めていく営業マンはたくさんいた。彼らは結局「自分の営業」を見つけられなかったからだと思う。

Chapter 06

あなたにとって「肩書き」とは何か？

ある証券会社に営業でまわっていたころ、その会社の同じフロアにいる何人かの社員と名刺交換をして仰天した。「部長」「副部長」「次長」「部長代理」「部長補佐」……。なんとその部署すべての人に、肩書きが付けられていたのである。一体全体、誰がこの部署を取り切っているのか、皆目検討がつかなかった。

おそらく〝肩書きは、社員の労働意欲のモチベーションになる〟という会社側の思惑のせいだろう。この会社では、肩書きが「部を仕切る役割」から「○歳になればもらえる職権」になってしまっていた。

しかし、これを笑うことはできない。上司という立場にいる人の中には、無意識のうちに同じような発想におちいっている人が多いからだ。試しに「肩書き」とは何なのか、自問自答してみてほしい。

部長、課長といった上長の役割は、本来、部署を統括・管理する専門家を意味しているにすぎない。だから前述の会社でも、部長は一人で十分なはずである。

またその「一人」は、職歴が長い人ではなく、その部署を統括する能力に優れた人がふさわしい。新入社員では、いくら優秀でも経験が浅すぎるが、一定の経験を積んだ社員であれば、年齢や在籍期間に関係なく、向いている人がそのポストに就く資格を持っている。いまはまだ理想論に聞こえるかもしれないが、すでにその傾向は強まっている。今後は変化のスピードも増してくる可能性が高い。

あなたが籍を置いている会社が、このような判断をするかどうかはわからないが、少なくともあなた自身はよく認識しておいたほうがいい。つまり「上司は部下より偉いのではない」。単に「役割が違うだけ」だということを——。

そして、自分は部下より偉い立場にあるのだから、と気張るのはやめよう。威厳を保とうとしてすることは、だいたいにおいて失敗する。また部下より偉いと思うと、完璧を目指しがちになるが、はっきり言ってそれは無理な話である。根拠のない思い込みは捨て去るにかぎる。その代わり、自分に与えられた職務は何なのか、そして何ができるのかについては、十分練る必要がある。

私は出世には興味がない。なぜならば、肩書きにこだわらなくなることによる効用のほうがはるかに大きいと痛感しているからだ。

真面目な人ほど、肩書きに恥じないようにという気負いでストレスを抱え込む。純粋に仕事を楽しむ気持ちが損なわれがちである。そんなことを気にしないようになれば、無用なストレスは払拭《ふっしょく》できる。

「責任感」と「プレッシャー」を混同してはいけない。責任感は、いい仕事を残すことで果たす。そのために、より能動的な働き方を模索しよう。プレッシャーは「失敗は許されない」という消極的な感情を誘発しがちなだけでマイナスだ。

また、肩書きを意識していると、自然にそこにもたれ、裸の自分の成長がおろそかになっていくという弊害もある。ここに依拠する気持ちを捨て去ったほうが〝自分を磨こう〟という意識がとぎれない。

しかし、肩書きを無視すればいいいか、と言えばそうではない。

上手に利用すれば、これまでの仕事の幅を大きく広げることができる。社内での決裁権だけでなく、対外的な交渉でも、肩書きが味方してくれることはままある。そういう場面では大いに利用すること。そのことによって、より大きな仕事ができる楽しみを実感したい。

これからは部下が年上だという上司も珍しくはなくなるだろう。年下だけど給与額は上、ということも起こる。しかし給与が高いから偉いわけではない。給与も、年齢や肩書きではなく、職務や仕事の実績ではかられる時代である。

将来は、「管理職より平社員のほうが高給」ということだってあり得るのだ。

Chapter 07

肩書きにとらわれているのは自分かもしれない

私は、自分が肩書きにとらわれないのと同様に、仕事のつきあいでも、肩書きに左右されるような人にはあまり魅力を感じない。人を見るより地位を見るような人は信用に欠けるし、そういう人にかぎって、実力が伴っていない場合も多いからだ。部下や取引先担当者の人間性を見る際にも、ひとつの指標にはなると思う。

リクルートでは、20代前半の女性社員が総務の決済を任されている。ときには上司の出張精算書の書きもれも指摘する。社員が使う机やパソコンから、鉛筆、消しゴム、セロテープといった文具類まで、すべての事務機器の管理も任されている。社内では一目置かれている存在だ。私もハード面に関しては頭が上がらない。優秀な部下たちである。

その部下のもとに、ある営業マンがやってきた。彼は、昔ながらの古風な会社にどっぷりつかっている社員のようで、決済権のある総務部の女性社員が、どうしても〝受け付けの女の子〟にしか映らない。

「ぜひ一度、上司の方とお話させていただけませんか?」

と営業マン。総務の女性社員は、仕事に対する自負がある。自分の存在を無視されて気分を害しただろうが、あくまでソフトに返答した。

「この件に関しては、私が判断いたします」

ところが彼は、頑として彼女との交渉を始めようとしない。結局、自分の名刺を渡しながら、

「次回はせめて、名刺だけでも上の方にお渡しする機会があればと思います」

と言い残して帰っていった。

自社のスタイルと大きく隔たっていれば、誰でもすぐにリクルート式を理解するのは難しいだろう。しかし、説明してもわからないとなると、その会社の体質というより、営業マン個人の価値観が疑われてくる。

彼は自分の先入観を押し通した結果、決裁権を握っている社員に決定的な悪印象を与えてしまった。営業マンのセンスとしても、誉められたものではない。

世にはびこるこうした「肩書き主義」に対して、私の知り合いの会社社長は、ちょっと変わった試みをしている。

彼は二枚の名刺を持っている。ひとつの名刺には何の肩書きも記されていない。そしてもうひとつの名刺には、「代表取締役」と書いてある。

最初はなんの意図もなかったようだ。社長だろうがなんだろうが自分は自分、だから肩書きなど記すつもりはなかったのだが、取引先によってはそうもいかず、やむなくもうひとつ作ったらしい。

しかし、同じ格好で同じように応対しても、肩書き付きとそうでないのと、出す名刺によって相手の態度があまりにも違うことに気がついた。そしてそのうち、いたずら心も手伝って、意図的に使い分けるようになった。

最初に会ったときは、肩書きなしの名刺を出す。多くの人は、

「君では役不足だよ」

という態度を露骨に見せ、相手にしてくれない。

そのときは、そのまま帰り、しばらくしてもう一度面会を申し込む。そして、

「先日は有り難うございました」

と言いつつ、今度は肩書き付きの名刺を出す。すると、先方は態度を急変させる。ソァァーの背にふんぞり返っていたのに、急に腰を低くする。それからは、交渉がスムーズにいくこともある。しかし彼は、真の仕事のパートナーとしてその人を見ることはない。

あなたも、試してみると面白いかもしれない。同時に、自分自身が同じような態度をとっていないか振り返ってみてほしい。

肩書きなどではなく、純粋に仕事をベースにした働き方がしたいなら、まずあなた自身が、くもりのない目で接するのが大前提だ。

Chapter 08

人間関係とビジネスは切り離せ

ＩＴ関連業務に代表される新規事業では、歴史が浅いことが幸いして、社員同士に過去のしがらみがない。そのぶん比較的スムーズに人間関係が構築できている。余計な気づかいは無用、ひたすら事業の発展に全精力をかたむけているのである。

それぞれがスキルを身につけ、社内での自分の役割もはっきりわかっている転職者などが中心になって成り立っている会社では、「あの上司の考え方にはついていけない」といった悩みは起こりにくい。「ついていかなくても、自分の仕事はできる」からである。

こうした会社では、その代わり、仕事ができるか否かの一点に、評価ポイントが集中している。社内全体がプロ意識に包まれているとも言える。

これまでの会社は、人間関係をスムーズに構築すること自体が、業務の一貫としてとらえられていたフシがあるが、新たな会社は、それをアンチテーゼとしながら、本来の業務とは何かを見つめ直しているのだ。

もうひとつ、ここ最近の新しい傾向がある。それは、同級生やサークル仲間などが手を組んで事業を立ち上げるケースが多く見られるようになったことである。

最初から気心が知れているからうまくいきそう、である。ところが、現実にはトラブルが絶えない。

「仲がいい」という理由だけで始めた事業は、私生活における人間関係を、仕事上の信頼関係に変えていかねばならない。しかし、これは相当難しい。

私の知っている女性2人で始めた例。

「あの人がそんなことを言う人だとは思わなかったわ」

最初は自信満々で意気込んでいた2人だったのに、仕事上のつきあいが始まったとたん、亀裂が生じた。

「今回の一件であの人の人間性が見えたわ」

「君たちは、人間性だけで一緒に仕事をしていこうと思ったの？」

ビジネスでの信頼関係は、仲の良さとは関係ない。それは、いくつもの事業をともにやり遂げ、提起しながら培っていくしかない。

「オフィスではお互い冷たく接しなさい」とか「事業を立ち上げてからは一緒に買い物に

行くのをやめなさい」とか言っているのではない。仕事でお互いに認め合っていくには、私生活の人間関係だけでは足りないということをしっかり自覚すべきだということだ。

仕事面での評価や各々の能力を活かすための事業展望が、2人に少しでもあったら、事態は変わっていただろう。

さらに事業を立ち上げる前に、仕事ベースで上司—部下、その他任務分担をシビアに明示しておくことが不可欠だった。

話を聞いて最初は少々呆れたが、ふと、自分がもし同じ経緯をたどったら、似たような反応をしたかもしれないとも思った。だから彼女たちを簡単に笑えない。

よく考えてみれば、どの会社でもどれだけ多くの人が、個人の人間関係と仕事上の信頼関係とをはき違えていることか。お互いが仲良くなるために、ただ飲み会を設定しようと奔走《ほんそう》する社員も同類なのだ。

個人としての人間関係と、ビジネスとしての人間関係は口で言うほどきれいには割り切れない。無意識のうちに混同してしまうものである。とくに、日本の場合はその傾向が強い。

たとえば、日本人はディベートができない、と言われる。ディベートとは、あるテーマについて考え方の違いを議論していくものだが、日本人は、お互いの主張を議論する過程を純粋に楽しめない。どうしても感情が入ってしまうのだ。そして、喧嘩になってしまう。

プロとして仕事ができる人間になりたいなら、このあたりの思考法も身につけたいものである。

そうすれば、個人的には全く気が合わない人とでも、素晴らしい仕事ができるようになる。それがまた、ビジネスの面白さのひとつでもある。

Chapter 09

会社に期待するより自分で始めてしまおう

業績主義を声高らかに打ち出していながら、よくよく実態を見ると、年功序列が排除されていなかったり、業績を反映させるはずの給与も、微々たる変化しかない——いまは、組織改編の過渡期だから、こうした中途半端な会社も多い。

ほかにも、不況で各種のしめつけがあったりで、不満を抱えないで働けというほうが無理なのかもしれない。

そして、この厳しい状況下で、望まずして上司という役割を与えられた人も増えた。あなたがもしその一人なら、あえて言っておきたい。組織というのは、どんなことでも変化の対応が鈍いのが普通である。そこに期待して待つのは賢明ではない、と。

どんな理由であれ、あなたはそれを引き受けた。引き受けた以上はそこでの役割を果たさねばならない。

不満を抱えているヒマがあったら、少しでも気分よく働けるための行動を起こしてみよう。どんなに小さな部署でも、自分のできる範囲で変えていけることはある。

たとえば、部下からの報告と上司への報告とでひっきりなしに会議に追われているなら、部署内での報告スタイルを簡便化できないか考える。残業続きで自分も部内も疲弊《ひへい》しているようなら、思い切ってノー残業デーを設けて、率先して帰ってみる。

業績が伸び悩んでいて上からのしめつけが厳しいなら、それを部下にそのまま下ろすのではなく、同業種でも異業種でも、違う会社を訪問して話を聞いてみる。

それでも煮詰まったら、「上司が休んではいけない」という考えを捨てて、有休をとって心身をリフレッシュさせる――など。

壁を乗り越えるためには、あきらめないポジティブ発想が不可欠だ。そしてポジティブ発想は、同じことの繰り返しの中からは生まれにくい。いつでも新鮮な思考ができる環境、風通しのいい環境を自らつくり出すよう心がけよう。

そうして首尾よく業績が伸ばせたら、その実績をひっさげて、会社に対して不満をぶつけ、改善を交渉しよう。

結果を出した人間の発言は、何より強い。会社に使われるのではなく、うまく活用できるビジネスマンなら、このほうが得策であることがわかるだろう。

Chapter 10

自分らしく働けないのはホントに会社のせい？

ある会社は、長い歴史があるにもかかわらず、思い切った体制をとっている。一人の部長を除く全員が平社員、というシフトを組んでいるのだ。部長にだけ大きな権限を与え、他の社員を一斉に統括する、というシステムだ。

現場では大半の社員が肩書きのない名刺を持つことになる。平社員の中には、他の会社に行けば、部長級の役割を与えられても不思議ではない優秀な人材が多数含まれている。

この制度がいいか悪いかはわからない。だが、歴史があっても新しい発想で臨んでいる会社もあるというのは注目に値する。

逆に、風通しがよく、肩書きからもかなり解放されている会社にいながら、序列に固執する社員がいる、という場合もある。

A社の東京本社部長が、北海道の取引候補の会社について、よくない情報を入手した。そこでさっそく、そのエリアの担当者に電話をした。相手は課長である。

「あの会社、東京ではあまりいい話、聞かないよ」

部長は30代半ばだった。若い声で嬉しくない情報を、しかもなれなれしい口調で言われたので、課長はムッとした。

「ちょっと待て、おまえ入社何年目だ？」

それが何の関係があるのかと思ったが、一応入社年を答えると、

「俺はおまえより2年も入社が先だぞ。言葉を気をつけろよ」

と言ってきた。部長は仕事の話をしたいのに、課長は肝心の課題より序列にばかりこだわっている。その姿勢にあきれてしまったが、とりあえず、波風が立たぬようメールでフォローしておいた。

すると即座に返信が届いた。「部長とは存じ上げず、申し訳ありませんでした」。こちらの肩書きでとたんに謝ってくるのは、部長にとってさらに理解しがたいことだった。

2つの例を引いたのは、「会社の体質と個人の感覚とは必ずしも一致しない」ということを言いたかったからだ。いま、自分が抱えている問題の多くは、会社の体制に由来していることだろう。しかし、そうであっても打開できないことはない。「組織の論理」にとらわれているのは、実は会社ではなく、あなたかもしれないのだ。

Chapter 11

「ビッグな人」に会ってみよう

上司としての質を高めるには、何事も広い観点で考えられる視野を培うことも大切である。そのためには、「本を読む」「社外の催しに顔を出す」など、いくつかの方法があるだろうが、「大物に会う」というのも効果的だと思う。

どんな世界での「大物」かは問わない。「大物」の中味も問わない。とにかく、自分ですごいなあ、と思う人に会うのである。

といっても、そういう人には簡単には会えないのが現実だ。そこでまずは、「会える」と思ってみる。イメージトレーニングをしていると、そういうレベルでの動きができる、という側面があるからだ。

しかし、念力ではないのだから、それだけでは不十分だ。

会ってみたい人のことを思い描いたら、次にその人と自分の共通の知己がいないかを探ってみる。いれば、ただちに紹介してくれるよう頼めばよい。

もちろん、つながりがあってもなくても、個人的に興味があるから、というのが理由では、先方は時間をとってくれない。だから次は、その人と自分の仕事で何か接点がないかを考えてみる。「商談」という形にできれば、会えるチャンスは広がるし、もし本当に交渉が成立したら万々歳だ。それだって狭き門だが、とにかくアクションを起こさなければ実現しないことだけは確かだ。

方針が決まったら、接見依頼の手紙あるいは電話をする。その際のプレゼンがすべてを決める。苦労するだろうが、それも自分の望みを遂げるためであれば楽しい作業になる。最終的に面談できなくても、ここまで考え練ったことは、いつか何かの役に立つだろう。それに、別の人にアタックする際には、もっとうまくやれるだろう。

言うまでもなく、願いがかなったときの果実は大きい。私の経験でも、何かに秀でた人というのは、どんなに畑違いであっても、必ず刺激を受けるし、勉強になる。話によっては「こんな人でもずいぶん苦労しているんだ」とわかり、励みにもなる。

さらに、一人の大物に会ってつながりができると、そこからあとは、その人のネットワークで、同じようなレベルの人と次々知り合っていくことも多い。

遊びだと思って、一度チャレンジしてみてはどうだろうか。

Chapter 12

プライベートで「主宰」したことはあるか？

17Ｐで述べた「酒と文化と夢を語る会」のほかにも、私はプライベートで継続的な会や、単発の会などを随時主宰している。どれも私にとっては大切な時間だ。

仕事とはなんの関係もない。個人の趣味にすぎない。しかしこれも、結果としては仕事に役立っている。

かつて主宰していたが、いまでは運営から離れている異業種交流会もある。元々は、その場を通じて知り合った人と、何か仕事につながれば、と思って始めたのだが、それは期待はずれだった。

参加する人が「ここに来れば何かあるだろう」と受け身で、自分をアピールしたり話題を提供することが少なかったからだ。お互いがそんな姿勢では何も生まれない。

それでも、主宰してよかったと思っている。マイナスの結果もひとつの勉強だ。

ある集団を組織し運営することは、上司の仕事に共通しているところが多々ある。いかに調整し、いかに活性化させるか。利益追求ではない、という点は決定的に違うが、組織運営という点では同じである。

先の例のように、うまくいかなくても責任問題になるわけではない。ただで訓練ができて有り難いと思っている。

なんといっても、共通の趣味で集まる仲間は楽しい。

主宰するのは面倒くさいし、それなりに時間もとられるのは事実である。作業的には、誰もやりたがらない会社の飲み会の幹事のようなものかもしれない。しかし、会社の人間関係とは全く違う充実した時がそこにはある。それがあるからだろう、不思議と苦にはならない。

前述したように、趣味を仕事の手段にするのは感心しないが、もし、違う世界をのぞこうと思っているのであれば、参加するばかりではなく、自ら主宰して仲間を募るのも手だと思う。

ケースメソッドで あなたの「上司度」を試してみる

●「ケースメソッド」とは何か

「ケースメソッド」の「ケース」とは、企業で実際に発生したこと、あるいは発生しつつある経営上のできごとが、ありのままに記述されているものを指す。

そして「ケースメソッド」とは、そのケースに対して、「何が問題で」「どう解決すべきか」を、複数の人と一緒にディスカッションしながら探っていく、一種の思考トレーニング法である。

これは、もともとハーバード大学のビジネススクールで、ビジネスマン養成のために開発されたものだが、日本でも、慶應義塾大学ビジネススクールが授業に取り入れている。本来は、ディスカッションしつつ進めるものだが、ひとりでも大いに役立てることができる。

ビジネスマンとして、上司として、最善の行動を探るために、あなたもこのメソッドに挑戦してみよう。

まずは、次のケースを読んでほしい。

高倉銀行　蒲田支店

（慶應義塾大学ビジネススクール高木晴夫作成、同氏の許可を得て掲載）

井川弘氏は高倉銀行蒲田支店の支店長に就任した。前支店長からの引継ぎを受け、副支店長や課長から蒲田支店に関する現在の状況についての報告を受けたりして、着任後の2週間が過ぎた。

しかし、彼の前任地であった横浜駅前支店に比べると蒲田支店の雰囲気はどこか活気がないように感じられた。そこで井川支店

ケースメソッドは ハーバード大学 ビジネススクールで開発された

長は、今後のコミュニケーションを良くするためにも行員の一人ひとりと面談することを考えていた。

○支店長ポスト

あるベテランの支店長は「銀行に入って最初に役付きになったときと、支店長になったときの嬉しさには格別なものがある」と井川氏に語ったことがあった。他の多くの企業と同じように、銀行の支店は営業の最前線であり、その組織のトップたる支店長は、支店に関する大きな権限を持つと同時に全面的な責任を負う。

つまり、支店長とは一国一城の主人であり、中小企業の社長のようなものであった。ただし社長と異なるのは、支店長の任期が平均して2〜3年という限定された期間である点であった。

井川氏は大学を卒業し高倉銀行へ入行してから20年以上を経て、この念願のポストについた。前任地の横浜駅前支店では副支店長であったが、やはり支店長と副支店長とでは権限も責任もまるで違っていた。

支店経営のすべてが支店長にかかっていると言ってもよく、井川氏は、支店のすみずみまで丁寧に目を向けるのを、自分の支店経営の基本にしようと思っていた。

彼は支店の預金や貸出の数字を伸ばすと同時に、蒲田支店を他のどの支店よりも明るく、働きやすく、風通しのよい場所にしたいと念願していた。

○蒲田支店

蒲田地区は、京浜工業地帯の中でもとくに中小企業の多いところで、個人預金と法人預金の比率は、およそ4.5対5.5であった。また高倉銀行の国内約３００支店のうち、蒲田支店は預金では上から50番目、貸出では30番目ぐらいの位置にあり、かなり大きな支店ということができた。

その内部構成は他の支店と同じように、支店長と副支店長の下、渉外、融資、外為、預金の4課からなっていた。

人員はパートも含めて総勢65人、うち女性は預金課を中心とする28人であった。

各課の業務内容を簡単に記述すると次のようであった。

◎渉外課　主たる対象顧客は個人。業務内容は、外訪による個人預金の獲得や住宅ローン等の個人ローンを行なう。
◎融資課　主たる対象顧客は法人で、融資の審査・実行の他に債務者取引先の総合的なバックアップをする。
◎外為課　個人・法人を問わず、外国為替、国外送金、両替等の業務をすべて行なう。
◎預金課　国外送金、国内為替、現金の引き出し、入金といった顧客の預金等の事務処理、およびロビーでの営業活動を行なっている。この課はパートの女性を含め、圧倒的に女性が多い。（36人中、女性が25人）

蒲田支店の組織図

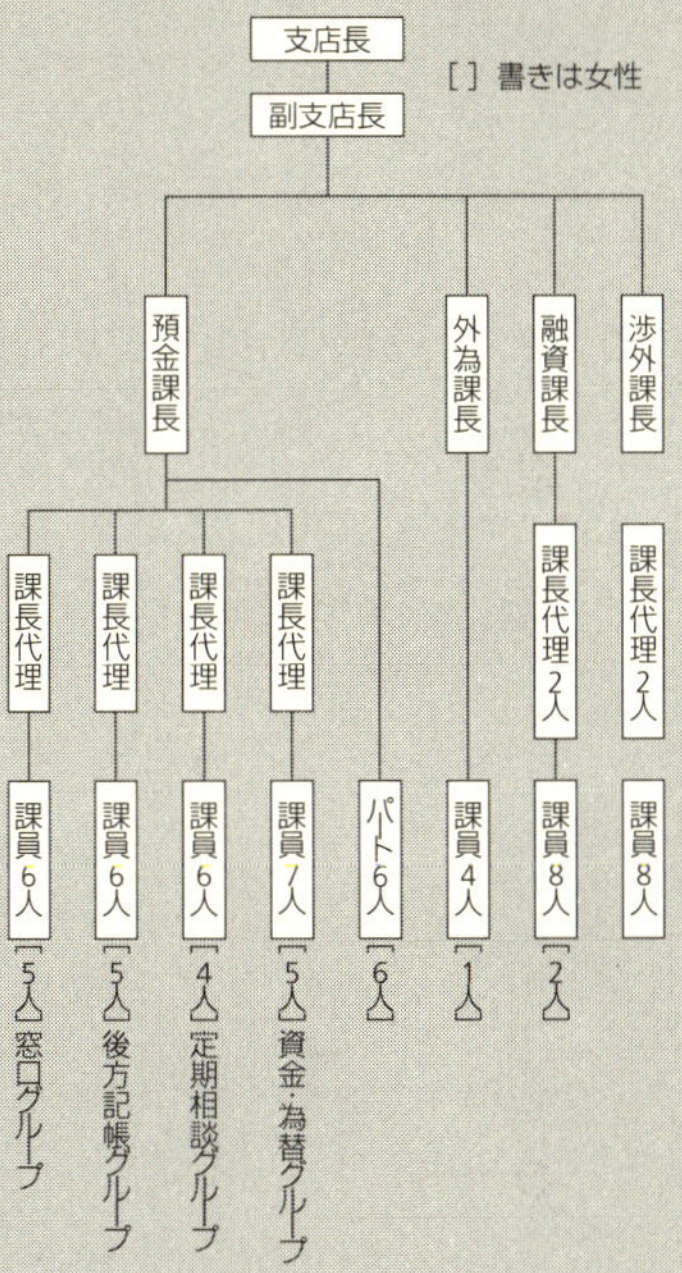

これらの課の色分けをしてみると、渉外課、融資課、外為課が業務推進セクション、預金課が事務管理セクションということができた。

通常、融資の案件は預金課の助けが必要であり、渉外課経由の貸出案件（個人ローンを除く）については融資課の審査が必須であるように、各課はそれぞれ仕事上密接な連携が必要となっていた。

井川支店長は支店の組織を束ねていく役目

○面　談

支店長に就任して2週間すぎ、やや落着いてきた井川氏は、副支店長と4課長を集めた課長会で、行員全員と面談する計画であることを伝えた。ただし、人数が課長代理と課員と合わせると50人以上にもなるので、1人約5分程度の面談とし、数日間に分けて行なうこととした。

副支店長や課長から「自分も同席しましょうか」という提案があったが、「面談時にあまり人数が多くてもしょうがない」ということで、井川氏一人だけで行なうことにした。

翌週になって、行員の仕事や時間をみて可能な者から面談を始めるべく、とりあえず3人と面談した。次に示すのがその会話の要点を再現したものである。

●星野洋子（預金課、窓口テラー、短大卒、3年目）

支店長　星野さんは3年目だそうだけど、仕事上何か困ったことはありますか。

就任直後に課員と面談をしてみたら……

星野　困ることですか？　あります。預金課の私たちはいつも忙しくお客様と応対しているのに、後ろの記帳の人たちはペチャクチャ仕事と関係ない話をしている時があるんです。こういうとき、何で自分が一生懸命頑張っているのに、他の人たちは楽しているんだろうと悔しくなっちゃうんです。

支店長　いつもそうなの？

星野　いえ、いつもではないんですがときどきあるんです。私たち窓口は、お客様と接していてムダ口なんかしているヒマはないし、お客様に対する印象もよくないと思うんです。

支店長　そのことは上司に相談したりしたことはあるの？

星野　はい、先月今井課長に話しました。

支店長　今井君は何か言っていた？

星野　「話はよくわかった。このことは吉田君（窓口担当の課長代理）に言っておくから」とおっしゃられました。

支店長　その後、吉田君からは何かあったの？

星野　はい、ただ「後方の記帳の人たちも大変なんだから、わかってやれ」ということでした。

支店長　じゃあ、僕からも今井課長や吉田君に言っておこう。

星野　はい、ありがとうございます。

●吉田雄二（預金課、窓口グループ課長代理、高校卒、12年目）

支店長　ところで、吉田君は入行してずっと預金課だね？

吉田　はい、そうです。

支店長　預金課で困ることといったら何かな？

吉田　そうですね、やはり預金課は女性が多いのでその人たちのマネジメントやモチベーションですね。

支店長　やはりそうか。

吉田　いろいろなところからしょっちゅう不満が出てくるので、それをどうさばくかがポイントになります。けっこう一方的な意見もありますので。

支店長　いやあ、さっき面談した窓口の女性が、後方の記帳の女性の仕事ぶりに文句を言っていたよ。

吉田　あー、星野さんのことですね。そのことなら聞いています。ただ、ベテランの後方記帳の女性に言わせれば「窓口の女性は3時すぎて現金があえば早く仕事が終わるのに、自分たちの仕事はなかなか終わらない」という不満も一方にあるわけで。そのへんを星野さんにもわかってもらおうと思うのですが。

支店長　まあ、そこのところはよく頼むよ。僕も星野君から面談中にお願いされちゃったから。

吉田　ええ、ただこの件に関しては星野さんのほうが一方的だと思うのですが。

支店長　でも、彼女はずいぶん頑張り屋でお客様の評判もよいそうだし。

吉田　仕事はほんとうによくやってくれています。

●北村晴彦（融資課、担当は約60社、大卒、2年目）

支店長　北村君は、去年1年間は預金課で、いまは融資課だ

課員はお互いをどう見ているか

けど、雰囲気はどう?

北村　預金課は女性も多いですし、仕事もチームでやることが多かったのですが、融資課にくると取引先のことは何でも自分でやらなくてはいけないので、正直言って、プレッシャーを感じています。

支店長　今、一番困っていることは?

北村　そうですね、とくにはないんですが、ただあえて言えば担当先のところへ外訪できないことですね。課長からは外へ出ろとしょっちゅう言われてますし、自分でも外に行かなければ実績が上がらないのはわかっているんですが、なかなか時間がなくて出られないいんです。

支店長　何に時間が制約されるのかな?

北村　私の場合ですと、融資課に移ってまだ間もないのでルーチンワークに時間がかかるということもあるんですが、それ以外にも会議の資料や本部からの調査資料の作成の仕事が入ってくるので、かなり時間がとられます。

支店長　君は月にどれくらい会議に出るの？

北村　2回ぐらいです。ただ出ていない会議の資料作りも入ってくるので。

支店長　慣れれば仕事の要領もわかってくるし、だんだん速くなってくるよ。課長には僕からも言っておこう。

北村　いえ、それは言っていただくと困ります。融資課はみんな忙しいですし、課長もみんなとのバランスを考えて仕事を割り振っていると思いますし。

○明日以降の面談へ向けて

井川氏は3人の面談を終えてみて、何か心にひっかかるものがあった。自分としては、職場を明るく、働きやすく、コミュニケーションをよくしようとして始めた面談であったが、若手の男性からはあまり内容のある話は聞けず、雑談ぽくなってしまったり、女性からは細々とした内容で自分が期待した話ではなかったように思えた。

それぞれの言い分をどう考えるか

「横浜支店の副支店長のときは、自ら部下の中へ入って行き、支店長と行員たちの間のパイプ役として、コミュニケーションをうまくはかっていたと思う。その自信があったからこそ、面談を始めたのだが……。

初めての支店長ということで、着任早々に面談をするのがよいと考えたのだが、もしかしたら自分だけ少し張り切りすぎたかもしれない……」

と、井川氏は思いをめぐらしていた。そして、明日に予定されている課長会で今日の面談をどう報告するか迷っていた。

設問
そして、
解答について

●設問

①蒲田支店で問題だと考えられることをあげてください
②それらの問題について、あなたの解決方法をあげてください

●解答はどこにある？

さて、あなたはどのような問題点をあげることができただろうか。また、どれだけ効果的な解決策をあげることができただろうか。

ここまで終えた読者は「答え」が気になるところだろう。

だが、残念ながら、ここには載っていない。

いや正確に言えば、載せることができない。

このメソッドでは、全員に共通して正しい「答え」がないからだ。

ビジネスシーンでの対処の仕方に、普遍的な正しいあり方など存在しない。そのときの状況や対処する人によって、「最善」はすべて異なるのだ。

そもそも、優れたビジネスマンは、答えを教えてもらってそのとおりに行動するという発想を持っていない。

彼らは、自分で問題をみつけ、解決に向かって自分で行動することの中

にしか、スキルアップのカギはないことを知っているのである。

つまり、あえて言えば、このケースであなたが出した答え、それが正解なのだ。あとは、それをいかに実行に移し、成功に導くか、である。

ふだんの仕事でも全く同じことが言える。

あなたが考えて出した結論が正解。そのことに信念をもって行動しよう。

第2章

「新時代型上司」の日常術

Chapter 13

部下とは「情」でなく「能力」で結びつけ

もし、いったん辞めた部下が戻ってきたいと言ってきたら、あなたは次のどちらの反応を示すだろうか。

①せっかく育ててやったのに裏切った人間は信用できない。二度と敷居をまたがせる気にはなれない。

②その部下の能力をまず考え、展望がなければ断るが、必要な人材だと思ったら戻れるよう尽力する。

日本では、①の反応が圧倒的に多い。歓迎会は盛大に行なわれるのに、送別会は淡泊という会社もあるように、会社内での「仲間」意識を重視するからである。

どちらが正解とは言えないが、リクルートでは、おおむね②の方針をとっている。起業のため独立した人が各種の理由でもう一度戻ってくる、ということが珍しくないのである。

私個人もこの方針に賛成だ。

日本ではまだ少数だが、こうした対応が今後は増えるべきだし、実際増えるだろうと思っている。

理由は簡単だ。「出入り自由」にしたほうが、優れた人材を確保できるチャンスが増える、つまり会社にとってもメリットが大きいからである。

私が見るところ、日本の多くの上司たちは、部下の心をつかむのに苦心している。その心がけは素晴らしいと思う。しかしそのとき「人情」を重視しているのには、首をかしげてしまう。「裸のつきあい」や「酒のつきあい」などを好むのはその典型だろう。人それぞれのやり方があるから、一概に悪いとは言えないが、少なくとも本質的な解決策ではないと思う。

前章でも述べたように、「組織のしがらみに惑わされず、自分の仕事を追求する」ことで、心の風通しが断然よくなる。部下との関係も、それと全く同じことが言えるのだ。

会社は仲良しクラブではない。いくら心が通じ合っても、業績が残せなければ話にならない。逆に個人的なつながりが薄くても、いい仕事を達成することはできる。それが会社組織の至上命令であるし、ビジネスならではの魅力でもある。

つまり、個人と個人の絆がなければいい仕事ができないのではなくて、いい仕事をすることを通して、結果として絆が生まれるのである。

上司と部下とは、仕事を通してつながっている。その両者が良好な関係を築くのもまた、最終的には仕事を通してしかありえないのである。このシンプルな事実を見失わないことだ。

まず、あなた自身が会社組織に寄りかからず、自分の能力を伸ばすことを第一義に考える。そして部下を見るときも、人間関係ではなく、能力で評価する――。ここさえ押さえておけばあとは簡単だ。

ひとつのプロジェクトを成功に導くという共通の目的意識に真剣に取り組めば、両者の連帯は自然に生まれる。能力重視といっても、味気ない関係には決してならない。

仕事の過程では失敗もあれば成功もある。そのつどあなたが部下に対して正面から向き合って対処すれば「同じ釜のメシ」などと強調しなくても、心は通じ合っていく。逆に、変なしがらみからスタートしないぶん、固い信頼関係になることも多い。それは部下が年上であろうと年下であろうと同じである。

ベタベタしたつきあいはないのに、リクルートに戻ってきたいという社員が多いのも、その証左だろう。

だから、部下といい関係を築きたいなら、まずは自分自身が輝き、いい仕事をすることである。組織に振りまわされて迷ったり悩んだりしているうちは、部下の対応も決して定まらないだろう。

Chapter 14

部下に慕われる上司の共通点

優れた上司は、部下との接し方に共通点がある。

①部下の人格を認めている

自分の支配下で思うように変えられる。こんな不遜《ふそん》な考えを持っているかぎり、いい関係は築けない。普通の人間関係では素直にうなずけることも、上司という肩書きを持つと、なぜかこの過ちにおちいる人がいる。そして変わらない部下にイラだち、不満を覚える。

部下は自分の思うようには変わらない――このことを肝に銘じたほうがいい。

②部下の批判も受け入れる度量を持っている

上司―部下の関係にかぎらず、人の批判を受け入れることができる人は成長する。

頭ではわかっていても、部下から批判されると上司失格の烙印《らくいん》を押されたような、あるいはプライドが傷つけられたような気になり、つい言下に否定しがちである。

いったんそのような態度を見せると、部下は二度とその上司を批判しなくなるだろう。それで上司のプライドは保てるかも知れないが、実は、そのちっぽけなプライドの何倍も大切なものを失ってしまう。

部下が上司を批判するのは、よくよくのことだろう。あえて発言するのだから、そこには必ず聴くべき何かがあるはずだ。また、そうして勇気を持って発言してくれた部下は、あなたにまだ期待している証拠である。思い入れのない上司に、わざわざ進言するはずはないからだ。

そのことを有り難く思い、真摯《しんし》に対応できれば、あなたの上司としての能力も向上し、部下との絆も深まるだろう。

③部下にこびへつらわない

批判に耳を傾ける、といっても、それはこびへつらうことではない。誰にでも好かれる上司になりたいと、必要以上に部下の顔色をうかがう上司も見受けられるが、だいたいにおいて、結果は散々である。そうした姿勢は部下に見すかされ、指導力がないことの穴埋め的態度だと判断されるだけだからだ。

Chapter 15

上司にすべてを望む部下などいない

「理想の上司像を述べよ」と問われたら、あなたはどう答えるだろうか。「常に毅然として、仕事上も、人間性も、あらゆる面において部下の手本となるような上司」。そんな全知全能の神のような存在を描いていないだろうか。まさか、と言うかもしれないが、「最近の上司には威厳がない」などという言葉がまかり通るように、世間では「上司たるものすべてにおいて優れていなければ」という意識がまだ強く、無意識のうちに刷り込まれている人も多いのである。しかし、ここには、2つの勘違いがある。

①すべての仕事で部下の上をいかねばならない、という勘違い。

②部下を可愛がるとは、公私ともに面倒をみることである、という勘違い。

①について言えば、おおかたの部下は、上司にパーフェクトなど求めていない。ここぞというときに頼りになれば、彼らはときに自分より劣っている部分をみつけても、必ずその上司を認める。足りない部分があってもちっともかまわないのだ。

では、部下が求める「ここぞ」とは何か。

ひとつは、事業のグランドデザインやビジネスモデルなどを構築してくれること。つまり「自分よりひとまわり大きな視野」で動いてくれる、ということである。部下は、常に目前の目標を達成することに追われている。そのとき、上司がそれを見守りつつ、数歩先を見通してくれていると感じられれば、安心して「いま」に全力投球できる。

もうひとつは、対顧客折衝能力。極端な話、日頃はいるのかいないのかわからない上司でも、いざ自分が対外的な交渉で難航したとき、素早く対応し処理くれたなら、その上司は頼りがいがある人物として、確固たる存在価値を刻まれることになる。

②の勘違いは、「悩みがあったら何でも言ってこい」式の発言に象徴的である。実際に言わないにしても、そんな面倒見のいい人を目指している上司、あるいは、人間的にべたべたするのは苦手なくせに、そうしなければいけないのではと勝手にプレッシャーに思っている上司……。どれも同類。部下にとっては嬉しくない上司である。もし、好きでもない女性に勝手にこんな想いを抱かれていたら、あなただってありがた迷惑だろう。同じことである。このような配慮をする時間とエネルギーがあったら、「ここぞ」に強い上司になるべく努力することだ。

Chapter 16

部下の個性を見落とすな

あなたの友だちを思い浮かべてみよう。Aさんは明るくてはっきりしているところが魅力、Bさんは繊細で思慮深いところが魅力……。一人ひとりキャラクターが違うだろう。

次にその人たちとつきあっているときの自分を思い浮かべてみよう。Aさんには何を言っても平気だが、Bさんは言い方を気をつけないと傷つけてしまうことがある……など、相手によって接し方を変えているのではないだろうか。その人なりの個性に合わせて対応を工夫するのは、人間関係の自然なあり方である。

ところが、これが会社となると、なぜか、CさんもDさんも「部下」でくくられてしまいがち。部下だって個性のかたまりである。人によって当然関わり方は変えねばならない。

Cさんは、上司に関心を持たれると、それをすぐに「干渉」と受け取ってプレッシャーに感じてしまう。反対にDさんは、いつでも見守られていないと大切にしてもらっていないように感じる。もし2人に同じように一部始終の報告を求めたら、Dさんは苦にならなくても、Cさんには息苦しいだろう。

だから基本方針は同じであっても、日々の接し方は部下によって微妙に変える。この場合、Cさんにはなるべく遠くから見守ることで能力を発揮してもらうべきだし、Dさんへは、意識的に声をかけるのが正しい。

年齢によっても、反応はまちまちだ。若い部下は、細かい指示も比較的抵抗なく受け入れるが、年上の部下は、うっとおしがることもある。彼らにしてみれば、自分より経験が浅い上司に、業務の隅から隅まで進行状況をチェックされてとやかく言われたくないのもわかる。

さらには、仕事に対する自負によっても違いが出る。仕事ができる、と自信を持っている部下は、なるべく自由裁量に任せてほしいと思うもの。そういう人は、仕事に集中しているときに上司に何かを言われると、やる気をそがれてしまったりする。ここは、大ケガをしないように見守るにとどめて、のびのび任せてみるべきだ。逆に自信がない人には、細かなアドバイスで励ましてあげればいい。

臨機応変に対応して、最終的には、どの部下にも最も働きやすい環境をセッティングしてあげること、これは部下をも業績をも伸ばすポイントだ。

Chapter 17

上司ならではのスケジューリング法

現場の部下の手帳には、ぎっしりと行動予定が記されている。時間に追われる日々――。現場に出ている部下はそれくらいでないと困る。でも、その頑張りに応えるために上司はさらにぎっしりと……と予定を埋めているとしたら、ちょっと待ってほしい。上司と部下とでは、同じ頑張りでも方法が違う。スケジューリングも例外ではない。

はっきり言って、余白のないスケジュール帳を持つ上司は二流である。71Pでも触れたように、部下から信頼を得る上司とは、大一番で手腕を発揮できる人である。しかし、その大一番は、いつ訪れるかわからない。

部下が上司の指示で動かされるのと同様に、上司も部下に動かされることが頻繁《ひんぱん》にある。それも突然、目の前に突き付けられるケースが少なくない。

「先方が契約する前に部長と話したいと言っています。いますぐ行っていただけますか」

「いまから取引先との打ち合わせが入っているんだが……」

「では、そのあとはどうですか?」

「もう1件別の会社の接待が入っているから夜まであかないなあ」

これでは、せっかく部下が足を棒にして取りつけた契約も台なしになるかもしれない。

「大手企業から提携の話があって、明日までに返事をしなくてはいけません」

上司も急ピッチで資料をあさり、的確な判断を下さねばならない。それなのに打ち合わせ続きで時間がとれなかったらどうなるだろう。この他にも、部下の大きなミスをカバーするため、急きょ相手先に行かねばならないこともあるだろう。

一般的に、役職が上になるほど社内の会議などは増える。よほど意識していないと、スケジュールはびっしりになるものである。だから余裕を持ったスケジュールを勧めても、無理だ、ですませる人が多い。長年の習性で余白を作るのが不安だという人もいる。

しかし、その余白は、無駄な時間ではないことをしっかり自覚してほしい。万が一、何も起こらなければ、その時間を使って、ふだん後まわしになりがちな長期展望を構想することもできる。また、締切はないが懸案事項になっていることはいくらでもあるはずだ。それらを処理する時間にあてればよい。そのためにも、手帳には、余白と同時に懸案事項を箇条書きにしておく欄も設けておくとよいだろう。

Chapter 18

スケジュール帳には「過去」も書く

あなたは、スケジュール帳にどのような工夫を凝らしているだろうか。

一般的には、先の、つまり未来の予定を入れるのが手帳の役割だが、仕事の腕を磨くために、私が実践しているのが、「過去の記録」である。

これからの予定を埋め、それをこなすことばかりに躍起になっていると、日々の仕事を積み上げて、次に活かすための心配りがおろそかになりがちだ。

でも本当は、今日したこと、この一週間でしたことなど、過去を振り返ることで、自分の仕事を確認する作業がとても大切なのだ。

その作業を意識的に実践するために、スケジュール帳を活用する。

私は、左側がスケジュール、右側がメモになっている既製の手帳を使っている。そして右側にひとつひとつの仕事を通して生じた「宿題」や「課題」を忘れないように記録している。ときには、コメントも書き込む。

もちろん、手帳の種類は自分の使いやすいものならなんでもいい。今後のスケジュールと仕事を終えた後の記録のかき分け法も、いろいろ試して使い勝手のいいやり方をアレンジしていけばよい。

そして、一日の終わりや週の終わりなどに、それらのメモを眺め、そのまま解決されていないときには、もう一度次の週のところに書き写すようにする。

何度も書き写すのは一見面倒なようだが、そうしないと見落としたまま忘れてしまって意味がない。また、何度も書くことで強く意識できる。

しかし、それがどうしても嫌なら、ポストイットに書く方法をお勧めする。これなら、やり残したときは、次の週の欄に貼りなおすだけですむからだ。

いずれにせよ、過去の記録をつけることが習慣になってくると、自分の仕事の仕方を自然にチェックできるようになり、そこから必ず発見がある。

あるときは、いつもつまずく弱点が見えてくることもあるし、またあるときは、より効率のよい進め方が見つかることもある。

まずは一カ月続けてみてはどうだろうか。

Chapter 19

部下の支持をとりつける"プレゼン"術

上司が仕事で説得する相手は、社外の顧客と社内の上司、そして部下である。いずれの相手の場合も、よりスムーズにプランを通すためには、プレゼン術が問われてくる。

私は営業マンとしてのキャリアが長かったせいもあり、プレゼンにはことのほか気をつかってきた。その過程で得たノウハウは、上司術にも活かせるものだと思っている。

相手をうならせるプレゼンのコツは、次の4つである。

①資料の量はなるべく少なくする

これは、自分が受け取ったときのことを思い浮かべればすぐわかるはずだ。何枚にもわたるペーパーは、読む気がしない。また、読んだとしてもそれだけでうんざりして、話を聞くエネルギーが奪い取られる。量で圧倒するより質で圧倒することを心がけよう。

②企画書の理想は「紙芝居」である

短い資料であることに加えて、それをさっと読み終わった時点で、伝えたい内容が理解できるものであること。行ったり来たりしながらみないといけない作り方ではダメ。

①も②も企画者の頭の中でプランがしっかり練れていないと難しい。

③ストーリーになっていること

たとえば、「現状の把握」→「課題」→「コスト」→「納期」→「スケジュール」のように、プラン全体が意味のある形で見えるように提示すること。それが「なるほど」と思わせる、つまり説得力を持つことになる。

もちろん、最後の落としどころは「これを遂行したらどんないいことがあるか」である。

④無理な内容は入れない

採用されるプレゼンは、壮大な理想ではなく、すぐに実行できる内容を盛り込んだものである。実行不可能なことは入れないことである。

最後にひとこと。注目を集めるために、見た目に豪華な企画書を狙う人もいるが、それは以上のようなことに比べれば、大した効果はないと思ってよい。

Chapter 20

「プライド」と「開き直り」を使い分ける

ビジネスマンが充実した仕事をしていくには、2つの思いをうまく使い分けることが重要である。それが、「プライド」と「開き直り」。とくに、上司にはこの切り替えが求められる。

「自分がいないと、このプロジェクトは成功しない」

こうした気概＝プライドなくしては、成功するものも成功しない。自分の存在意義を確信しているからこそ、たとえ疲れ切っていても、連日深夜まで働いて目標を達成する、といったことをやり遂げられる。義務感や残業手当目当てだけでは決して続かない。短期集中で何かをやり遂げるときには、とくに大切なエネルギーの源泉である。

でも、それだけではうまく進まないこともある。

「自分が少々のミスをしても大丈夫」

ときにはそれぐらいの「開き直り」で臨んだほうが、いい結果を招く。いつでも心に少しの余裕を持たせておく、ということでもある。

たとえば、新しいプロジェクトに取り組むとき、ミスは許されないと思うと、決断が鈍ることがある。失敗したらしたでなんとかなる――あえてそう思うことで前進できるとしたら、その考えにのったほうがいい。

また、常に部下を引っ張らねば、と強く意識しすぎると、かえって部下は動きにくい。その気持ちは大切だが、言葉や行動では、あまり強調しないほうがいい。

実際、会社というものは、その人がいなくても結局はまわっていく。たとえば上司が長期休暇をとっても、業務には差し支えないことがほとんどだ。

だから、ここぞというときの馬力の源としてのプライドは保持しつづけても、無意味な気負いは捨てることだ。

この使い分けができるかどうかは、自己認識がどれだけ客観的にできているかにかかっている。

必要以上に過大評価もしなければ、必要以上に過小評価もしない。

いまいる組織での自分の身の丈を知ることだ。

Chapter 21

「わからない」と言える上司になろう

わからないことはわからないと言う――。上司は、この勇気を持つべきである。そのほうが断然カッコいい。そして、仕事がうまくいく。もちろん、部下との関係も。

部下に「わからない」のひとことが言えないために、わかったフリをして、的外れな判断を下す上司は最悪である。

分野によっては部下より劣っている部分があってもいい。いやそれが当然なのである。

私は、いまベンチャー系の仕事を遂行しているが、営業や商品企画には自信があっても、資金調達のスキルやベンチャー・キャピタルにつなぐためのノウハウ、編集業務におけるコンテンツの立て方などに関しては、部下のほうが優れているのを実感している。

だから、不得手なことの判断を求められたときは、素直にこう答える。

「この件に関しては詳しくないからコメントできない」

無責任だと思われるだろうか。しかし私の価値観では、これが正しい。他の部下に任せたほうがよりいい結果を出せると思ったときは、迷わず任せる。それが上司の責任だと解釈している。

上司の統括管理とは、何を意味するのかをもう一度考えてほしい。部下を自分の掌中に収めるのが目的ではない。あくまで、組織を活性化させ、利益を生むための統括であり管理なのだ。

自分の苦手な部分を認識し、部下に一任する。その際、責任放棄で任せるのではなく、自らの能力不足を認め、部下の才能を信じるから任せるのだということが明確であれば、部下は張り切ってことにあたってくれるものだ。

同じように、一度発言したことを訂正する勇気も必要だ。自分の出した方針が間違っているという結果が出たら、それを厳粛《げんしゅく》に受け止めて訂正する。しかるべき態度であれば、軌道修正をしたことで部下の信頼を失うことはない。

逆に、一度振り上げた拳を下ろせない姿勢こそ、部下には「上司の無意味なプライド」ととられるだろう。

上司も人間、部下も人間。わからないこともあれば、間違うこともある。大切なのは、それを率直にさらけ出して、早急に解決策を探ることである。

Chapter 22

「してはいけない」開き直りがある

上司には、「していい開き直り」と「してはいけない開き直り」がある。

前項で述べたような率直さは、いわばいい開き直りである。反対に、いけない開き直りとは、その組織と成員の成長のためではなく、自分の可能性を放棄するものである。

ある部署に、10年にわたって目覚ましい活躍をした人がいた。しかしその人が辞令で全く畑違いの部署の上長に就いた。

前任部署での経験をいかに発揮するか、会社からも社員からも期待されたのだが、その人は新部署に移ったとたん、極端に発言を控えるようになってしまった。なんの気負いもなく、自分自身の目線で話せば、部下は全幅の信頼を寄せるような経験の持ち主である。それなのに「わからない」ことを理由に、最低限の責任まで放棄してしまったのだ。

もし、その上長がとった行動が正しいのなら、上司には、その部のたたき上げの人間しかなれないことになる。

たとえば、「住宅」情報誌の部長が「旅行」情報誌の部長になる。住宅から旅行にコンテンツが変わるという意味では畑違いである。しかし、「情報誌」としては共通している。この点での考え方やノウハウはじゅうぶん活かせるはずである。

また商品戦略などを考えるうえでは、長きにわたって旅行業界に身を置いている人間よりも、むしろ外部から入ってきた人間のほうが斬新なアイデアが出たり、物事の核心をつくことがある。さらに、こうした編集業務では、ライティングやコピー能力においては部下のほうが優れていても、本自体をどう作っていくかというデザイン能力については、上司の目線で模索できるはずだ。

会社から下された辞令で、イヤイヤ上長の椅子に座って無駄な時間を流すのか。それとも、新しい役割で自分に何ができるかを、これまでの経験をフルに活かしてトライするのか――スタートラインの姿勢だけでも、大きな差が出てしまう。

なんだって最初は足りないことがあって当たり前である。しかし、何らかの経験はある。それを武器にすれば、道は必ず拓ける。要は積み上げてきた経験を活かせるか否か、その意志があるかないかだけなのだ。

Chapter 23

「忘れること」もときに重要な条件となる

仕事をしていれば、イヤなことは必ずある。上司ともなれば、イヤなことの中にいいこともある、ぐらいに増える。上司になったとたん体調を崩したり、自律神経をやられる話は日常茶飯事だ。

しかしその中でも、元気はつらつな上司がいる。「こいつの神経はどうなっているんだろう」というぐらいタフな人がいる。

両者はどこが違うのだろう。本来の性格もあるだろうが、私は誰でも、考え方によってある程度強い人間になれる、と思う。

もっとも手っとり早い方法は、「忘れる」術を身につけることである。

ある知人は、年上の部下に苦い経験があった。彼はもともと自分の上司だったのだが、その時代にさんざん無能呼ばわりされつづけたのだ。立場が逆転したとき、その思い出がよみがえり、とてもイヤな気分になった。

最初のうちは、四六時中、その年上部下が気になった。いまの自分のことをどう思っているのか。そのうちまたいじめまがいの行動に出るのか……。

しかし、あるときハッと気づいた。自分は過去のことに引きづられて、現在をも台なしにしようとしている、と。

「あのときのことはもうなかったことにしよう」。そう思ったら心のくもりがサーッと晴れた。急にいままでの自分がこっけいに思えてきて、大声で笑ったという。

部下のことで悩むのも、業績のことで悩むのも悪くはない。悩んで「どうしてこうなったのか」を考えることが、打開策にもつながるだろう。

しかし、先の例のように悩んでも仕方ないこともある。

真面目な上司にありがちなのが、過剰な責任感を持ってしまい、失敗や判断ミスで自分を責めるというパターン。上司だって人間、ときには間違うこともある。起こってしまったことは、反省してもいいが、悔やんではいけない。

その生真面目さが、ときに部下にとってもプレッシャーになるかも知れない。そうでなくても、上司の顔が暗いのはイヤなものである。すっぱり忘れて次の課題に挑戦する――そういう思考の癖をつけるように努力してみよう。

Chapter 24

「マネージャー」の発想を取り入れる

リクルートでは、従来の課長という役職はなくなった。その代わり「マネージャー」という職務がある。これは、序列を表す役職名ではない。一定の経験を経た社員なら誰でも与えられる肩書きである。

そのマネージャーの中に、グループを管理する「グループ・マネージャー」と、営業を管理する「営業マネージャー」がある。

「グループ・マネージャー」と「営業マネージャー」に優劣はない。あくまで役割上の違いだけである。

これに対して、現場で顧客折衝を中心に動いている社員は「プレーヤー」と呼ばれている。マネージャーとプレーヤーの間にも、役割の違いがあるだけで序列はない。だから優秀なプレーヤーには、マネージャーにならず、ずっと第一線のプレーヤーとして活躍している人も珍しくない。

このようなシステムだから、年上の部下に指示を与えながら部を統括・管理する人もいるが、社員間で違和感なく受け入れている。

私が統括している部も、私より年上の「プレーヤー」が活躍されている。

私の役割は、事業の売り上げの拡大を目指す推進役であり、旗振り役である。年上の人にも、業務上、各々に適したミッションを与えている。私が「偉い」からではなく、あくまで仕事ベースで要望を提示しているに過ぎない。

現在の「ディビジョンエグゼクティブ＝事業部長」という職務を与えれたときは、ちょうど、社内の年功序列的な上司――部下の関係が崩れはじめるころだった。だから比較的すんなり年上部下との関係を構築できたが、それでも苦労がなかったといえばウソになる。ましてや未だに年功序列の体質から抜け切れていない会社で、年下上司の役まわりになったら苦労が絶えないはずだ。

そういう環境にある人に、いきなり、マネージャー制をまねろというつもりはない。しかし、他の会社では、このようなシステムをとり、うまくまわっているという現実を知ることは、今後の働き方を模索する上で、何らかの励みになるだろう。また、自分の部署の環境づくりの参考にもなるのではないだろうか。

Chapter 25

仕事は「背中」で見せるもの

私が入社した当初、一緒に仕事をしていた上司は、口癖のように言っていた。

「おまえが上司になったら、背中で仕事を見せろ」

当時の私は、右から左へと聞き流していたが、いざ上司の立場に置かれてみて、この言葉の重みを痛感した。そして、いまでは私が目指す上司像となっている。

上司は、部下にいわゆる「ほうれんそう」を求める。業務の進行状況の報告に始まり、連絡、相談を怠らないように、というわけだ。

しかし、上司は部下に「ほうれんそう」の義務はない。いちいちそんなことをしていたら、会議の時間がいくらあっても足りない。上司が何をしているか、部下に見えない部分が出てきても、ある程度は仕方ない。

それでも部下は、上司をちゃんと見ているのである。

上司が「見られていない」と思っているのは、部下が見ていないフリをしているからにすぎない。

自分がどのようなビジョンを持った上司に統率されているのか、そのビジョンの中で自分がしていることはどういう意味を持つのか、今後は何を期待されているのか——。部下にしてみれば、ボスが何を考え、何をしようとしているのか、気になるのは当たり前である。

これに対して、上司は細々とした報告をする必要はない。ただ、大きな枠組みの方向性は、折を見て語るほうがいいだろう。自分の立っているところがわかり、これから目指す道が見えれば、部下は安心して羽ばたくことができるからである。

そして、それ以外は、背中で読みとってもらうのである。どういう仕事観なのか、どれだけの情熱を持っているか、そうしたことは、どんな言葉より日々の仕事が雄弁に語るものである。

それは小手先のごまかしがきかない、とてもシビアな世界でもある。

堂々と背中を見せられるようになったら、上司としては一人前である。

あなたの背中は、いま何を語っているだろうか——。

Chapter 26

部下への「報告義務」とは何か？

普通は、上司のほうが部下より多くの給料をもらっている。だから、部下の目は厳しい。

「あんなに金もらって、あの人、何やってるの？」

この「あの人」があなたでない保証はない。自分は常に真面目に働いているから大丈夫だと思っているかもしれないが、一生懸命働いていても、この言葉を浴びせられる上司はいくらでもいる。彼らに欠けているものがあるからだ。

そのひとつが「部下への報告」である。

上司は部下のように、動きを逐一伝える「義務」はない。しかし部下は、自分たちのボスが、現時点で何に最も力を入れていて、この先何を構想しているのかは常に知りたいと思っている。前述したように、自分の仕事とも密接に関係してくるからだ。

だから、事業についての考えや指針が明確でない上司は、必ず部下の不安や不信を招く。

「あの上司は、何を考えているのか、何をしたいのかわからない」

部下にそう言われたらおしまいだ。報告をしなくても、目に見える形での支障はない。部下も心の中では不満に思っても、声に出しては言いにくい。結局、忙しさに紛れてずるずる時が経過する――、これが最悪のパターンだ。その間に部下との距離は確実に開いている。

現時点で考えていること、興味を持っていることをラフに伝えるよう心がけよう。報告の仕方は、職場の環境によっていろいろな方法が考えられる。朝礼の場で語るのもよし、会議の冒頭や最後に語るのもよし。文書にして定期的に掲示板に貼るなり回覧するもよし。要は、業務の妨げにならぬよう、随時短時間で要領よく伝えられればいい。そういう意味では、意外に休憩時間の雑談でもいいのかもしれない。

オフィシャルな決定事項とは違うから、軌道修正したって部下はそのことを批判したりしないはずだ。いったん報告したら修正がきかないからと、構えるばかりに報告が遅れがちになるよりはずっといい。

「あの上司、考えてくれているな」

そう思うようになってくれれば、数時間ただ椅子に座っていても、ボーッとしているようには見えなくなる。そこには、なにかを一心に思考している上司の姿があるだけだ。

Chapter 27

ノミュニケーションに期待するのはやめる

ある銀行の支店長は、地方に転勤になるたびに借金ができると嘆いている。赴任した先の部下を、自腹で連夜飲みに連れていくからである。そこまでして部下の心をつかまないといけないという切迫感があるらしい。

「あの上司にはさんざん飲みに連れていってもらったから裏切れない」

こんな上司―部下の人間関係を形成するための夜のつきあいが、その会社のならわしになってしまっているという。前任者もその前の人もそうやってきた、となれば、くだらない慣習だと思いつつも、ならうしかないらしい。

しかし、ノミュニケーションは本当に効果があるのだろうか。

「たまには、飲みにでもいこうか」

ここまではいい。成否は、飲みの場で何が繰り広げられるか、だ。

よくある展開、そして最悪の展開が、自分から誘っておいて、とくとくと生きざまを聞かせたり、出身地や出身校などの共通点を探しては、何とか自分の支配下に収めようとするパターンである。1回はともかく、2回目以降も同じようでは歓迎されないだろう。本音はイヤでも断りにくい部下はいい迷惑である。

飲みに行くのはいいが、それを人間関係の〝契りの場〟にするという発想は捨てるべきだ。部下は、説教や連帯感を強制される時間があったら、彼女とデートしたり、友だちと遊んだり、家族と過ごすほうがマシなのである。いやいや同席している人に何を語っても心には響かない。

部下にしてみれば、仕事は仕事、酒は酒だと思っているはず。公私にわたって部下を支配下に置く必要はない。飲みに連れて行かなくても、ワーキングタイムで上長としての能力が発揮できればそれでじゅうぶんなのである。酒に誘ったときは、むしろ仕事とは全然べつの話題にしたほうがいい。また、自分が語るより、部下の話を聞くことに集中すること。アルコールの作用によって、ふだんとは違うラフな語りができる、それは事実である。いままで知らなかった部下の一面を垣間見るいい機会にしたい。

もし、仕事のこと以外に語るべきものがないことに気づいたら、部下を誘う時間とお金を、自分のために使うことを検討すべきだろう。

Chapter 28

ピンチのときの上司のふるまい方とは?

営業関連の業務を中心に、月末や年末に、社をあげて目標数字を達成しようとする、いわゆる「追い込み期」がある。こうした「非常事態」には、とくに上司の手腕が問われる。ふだんは何もしゃべらず、部を統括する意欲すら見せないのに、突然キレてしまう上司。上から命じられたことをそのまま部下に下ろすだけの上司……。これらは部下に失望を与える典型的な上司である。プレッシャーを感じているのは部下も同じ。こんなときこそ、どんなに苦しい立場に置かれても、部下を信頼してふだんのスタンスを崩してはいけないのだ。部下より大きな視野で全体の動きを把握し、冷静に状況を分析して、軌道修正を施しながら目標を達成する。ときには、自らが動いて対処することも必要だろう。

「冷静に適切な判断をし、緊急時には自ら動ける上司」——言うのはやさしいが、至難のわざだと思うだろうか。たしかに、こういうときには、その人の本質が見えてくる。一朝一夕で築けるものではないだろう。

しかし、合格点をキープするためのコツはある。

①「会社の目標だからやるしかない」という押しつけ的な下ろし方をしないこと。上からの指令をいったん必ず自分の中で咀嚼《そしゃく》して、自分の言葉で部下に下ろすこと。

②その際、会社の目的のために酷使するではなく、個人として共に前進するための課題なのだ、という認識をもってもらえるような語りを考えること。

③そのためにも、目標達成後に、部下に何か益することがあるような仕組みを心がけること。報奨金でも、休暇でもできる範囲で。

以上は、戦力である部下のモチベーションを保つための対処である。さらに、

④課題遂行中は焦って課題を押しつけず、いつも以上にじっくり話を聞く姿勢を保つ

⑤途中で部下があげた成果は、小さなことでも必ずその場で評価する

⑥部下のミス等で感情的になりそうなときは一呼吸間をおき、ふだんよりゆっくり話す

以上は、部下を信用している、という姿勢を示すための対処である。最後に、

⑥自分でできることは自分でする。不必要な雑用は頼まない。

これは、部下に最優先の仕事に集中してもらうための配慮である。これらができれば、部下もじゅうぶんな力を発揮してくれることだろう。

Chapter 29

「恥ずかしい」上司にならないために

部下を大切に思うあまり、親心を持ってしまうことがある。それ自体は悪いことではない。しかしその親心の中味は、自分でよく点検しておいたほうがいい。

まるで、すべての物事に対して面倒をみているような錯覚を覚えてはいないだろうか。

「オレはおまえのために、ここまでしてやってるんだ」

部下にそう言わないまでも、そう思うことはあるのではないだろうか。私だって、白状すれば、心でつぶやくことはある。

でも、これは大きな勘違いなのだ。上司が部下を思いやり、部下を育て、ときには責任を引き受けるのは、上司の仕事、役割として当然のこと。「してやっている」のではない。そうした役割に対して、給料を受け取っていることを忘れてはいけない。

それなのに恩着せがましい感情を持たれたら、部下は大迷惑だ。

「オレが面倒をみてやってるんだから、おまえも多少のガマンはしろ」

仕事の流れによっては、部下に耐えてもらわねばならないときもあるが、その理由がこんなセリフで語られたら、部下はやる気を失うだろう。部下は上司に雇われているのではない。ましてや上司のために働いているのではない。

頑張っているのは、部下も上司も同じである。しかし、上司はそれも仕事のうち、当たり前だと思わないと続かない仕事である。

理不尽な期待は、部下に迷惑なだけでなく、自分自身のストレスの素にもなる。さっさと捨て去ったほうが身のためだ。


親心は美しいが、そもそも部下は息子や娘ではない。何度も言うように、情で物事を進める関係ではないのである。

第一、それが本当の親心なら、見返りなど期待しないはずだ。見当違いの「部下かわいがり」をしていないか、ときには自己チェックを忘れないようにしたい。

Chapter 30

こんな励まし方は「逆効果」だ

上司である自分が、会社や肩書きに寄りかからず、自己実現のために仕事をとらえることができるようになれば、部下への接し方も自ずと変化してくる。

「社員の一人ひとりが会社を支えているんだ」

よく聞く言葉である。

会社の現状を把握し、責任感を持って仕事をしてもらいたい、ということ自体は間違いではないだろう。しかし、組織の末端で仕事をしている社員に、いくらこんな言葉を向けてもピンとくるわけがない。

たとえば、年商1兆円の会社が、1日に3万円を売り上げる社員に対して、こんなことだけを強調しても、その社員には「戦力になっている」という現実感は湧かない。人に何かを伝えるときは、相手にリアリティがある話し方をしないと効果は出ない。

同時に、その課題は第一に会社のためではなく、その部下自身のためになるものであることを印象づけねばならない。そうすればモチベーションはぐんと上がる。

つまり、部下のやる気を引き出すには、
①具体的な話し方で、
②指示は、その部下の成長にもつながることである
という二要素を含むようにするのだ。

先の例で言えば、

「君たちが会社を支えているんだからもっともっと売り上げを伸ばしてくれ」

という抽象的な言葉の代わりに、

「先月の君の売り上げ○○円は、会社の新規開拓の売り上げの○%。わずかでも重要な戦力になっている。若いうちに新規のノウハウをつかんでおけば、数年先に顧客が格段に広がる可能性がある。大変だが未来への投資という意味でも、来月は○○円アップの目標でやってみてほしい」

といった語りかけができるはずである。ただし、こうした言葉を個別にかけられるためには、部下の日常業務を把握して、一人ひとりに合った役割と言葉のかけ方を判断する力量が問われる。

Chapter 31

「森」も「木」も両方見ているか

上司が部下と同じ視野で動いていては存在意義がない。数歩先を読んで適切な手を打っていくことは、至上命令であると言ってもよい。

たとえば、自分で仕事をとってきて何十人分もの営業成績をあげれば、その部の業績は上がるが、これでは、上司としての役割は全然果たしていない。

しかし、巨視的に行動すると、今度は現場の細かい目配りがなおざりになりがちになる。ここが落とし穴だ。

新製品の開発をする場合を例にとってみよう。

上司は一般市場に目を向け、今後の景気、人々の指向性など、あらゆる面からリサーチし、「当たる」商品に狙いを定めていく。各方面からの情報収集もぬかりなく行なった。もちろん予算との調整も万全である。

よし、これでベストだ、という確信に至ったとしても不思議ではない。が、このときその上司の目に、足元の現場が見えていないことがある。

彼の自信作であるその新商品プランは、どれだけ緻密《ちみつ》であろうとも仮説である。その仮説を現実の形にしていくのは現場。この実態を把握せずして立てた仮説は、現場に下ろして実行段階に入ったとたん、もろくも崩れさることになる。

最終段階に入って、初めて何人かの部下から聴取をした結果、全員から全く違う実態を報告をされたり、プランを根底からくつがえすような意見が出されたり……。

これらは、日常から現場を把握していれば、起こりようのない事態である。

また、新商品の開発にばかり目を奪われていると、月々の売り上げが落ちているのに、その手当てが遅れてしまう、ということもある。

一人の発明家なら、これでもいい。けれども会社とは、現在の利益を上げつつ、将来の発展も追求しなければならない組織体だ。

優れた上司は、このような轍《てつ》は踏まない。現場の日々の動きとグランドデザインを決して乖離《かいり》させず同時追求する。

現場への目配りなしに、確度の高いグランドデザインは描けないことを知っているからである。

Chapter 32 どんなときにも「次の布石」を考えておく

上司には先見の明が求められる。市場の動向、業務の進行状況、そして会社の現状を総合的に判断しながら、数歩先のステップを構想する、ということである。

たとえば、このところ金融機関の再編が話題になっている。企業としては当然、今後の動きにも対応できる体制をとらねばならない。

そのときが到来していきなり検討し、中途半端なまま決断を下して部下に課題を与えても、その戦略がうまくいく可能性は低いし、部下の認識やモチベーションも甘いぶん、じゅうぶんな働きは期待できない。

いざというときのために、いかにスムーズな道筋をつけてあげられるか、それが上司の仕事である。

この点に関して、私の場合は、過去の営業で培ったノウハウがとても役立っている。私は、営業マンには「農耕型」と「狩猟型」とがあると言っている。前者は安定的な仕込みができる営業マン、後者は短期に集中して成果を刈り取る営業マンを指す。私はある時期から「農耕型」営業マンを目指すようになり、そのなかで「仮説営業」を実践するようになった。

「仮説営業」とは、これから開拓したいマーケットや企業に対して、その対象の実状を調査し、何が必要とされているかを仮説し、自社の商品がどうすれば売り込めるかをシミュレーションする方法である。

その際、頭を整理する意味で「営業地図」を作った。企業や市場ごとに、「この企業の扱う商品は何か」「作っているのもは何か」「物流はどうなっているのか」「営業チャンネルは?」「エンドユーザーは?」といった項目に記入していくのである。

最初はかなり時間がかかったが、繰り返していくうちにコツがつかめた。

調査→分析→市場開拓。つまり情報収集とイメージングで戦略を組み立てて実践していくのである。上司になってみて、これらがいまの役職にも不可欠の作業だと気づいた。高い意識を持って訓練と実践を繰り返せば、誰でもできることである。対象ごとに項目を掲げ、地図を描くことなどは、部下に担当させることもできる。ぜひ試してほしい。

Chapter 33

「却下」するには「確かな理由」が必要だ

上司の大きな役割である「部下の能力を開花させ、やりがいのある仕事を与える」ために、最も注意したいのが、却下の仕方である。

「この提案、おもしろいね」

意欲を持って提案してきたことには、なんであれ、まずそれを認めてあげることが大切である。しかし、感心すればいいというものではない。部下は、それを受け入れてくれるか否かを待っているのだ。

このとき、ただ「よし、やろう」とか「無理だね」と言うだけなら、他の部下でもできる。上司は、判断をすると同時に、そのことによって部下のやる気がさらに高まり、能力もアップする適切な対応ができねばならない。いい感触だな、と思ったときは、提案の日時や内容をさらに詳しく聞き出す。その過程で具体的なツメの甘さが見えたら、答えを出すのではなくヒントを与え、さらにブラッシュアップした提案になるようはたらきかける。

場合によっては、部下と相談しながら一緒に進めていくこともあるだろう。

そして却下するとき。こちらは推進するときの何倍もの配慮が必要だ。

「まだ、考えが甘いね。ダメだ」

では、話にならない。どういうふうに考えが甘いのか、どういうふうにダメなのか、具体的に理由を示すのが義務だと思っておくこと。そうしないと、部下は同じことを繰り返し、その挙げ句、やる気を失うだけだから。間違っても、「自分は期待されていないんだ」という印象を与えるような言動はしないことだ。

そのためにも、ダメな理由を出した後に、「この件については○○さんが昔調べたことがあるから聞いてみるといい」とか「新聞に関連記事が出ていたよ」といった情報の提供をしてみたり、「ここは3月ではなく、5月のほうが効果的だと思うよ」などと、いくつかの問題点のうちのひとつだけ答えを与えるとか、次のステップに進む際のヒントを付加してあげるようにしたい。

上司自身にとっても、このような作業は問題整理に役立つ。部下を育てることは自分にとっても貴重な学びの場となるものだ。少なくとも、きちんと考えずに、ついあやふやな態度でその場を切り抜けてしまう「いい加減上司」にはならないですむ。

Chapter 34

「辞めたい」と言われたときのケース別対応法

上司にとって、人事は最も神経を使う役割のひとつである。辞めさせたいのに辞めない部下、頼りにしていたのに辞めたいという部下――。上司にとっても今後の組織運営を大きく左右するし、部下にとっても今後の生活がかかっている。切る、切らないは本当に難しい。

パターン① かわいがっていた部下が辞意を表明した場合

精一杯育てたつもりなのに、辞める？ 誰だってショックだろう。つい、恩を仇《あだ》で返されたかのような気持ちにもなる。しかし、これを口に出して引き止めにかかるのは、NGだ。

「社長やオレに感謝してないの?」「感謝してます……」「じゃあ辞めるなよ」

こんな時代錯誤のやりとりをする人は、上司としての資質が疑われても仕方ない。上司といえども、部下の行動を人情で縛ることはできない。もし、考えを変えてほしいなら、仕事の内容に沿って要望を出すことだ。

「うちの事業には君の能力が欠かせない。転職しないで頑張ってみる気はないか」

このように、個人的な感情で部下の進退を支配する権利はどこにもないことを認識したうえで対応すべきだろう。

パターン② 戦力としては重要だが、部下本人のためには辞めたほうがよさそうな場合

「たしかに、君にとってはそのほうがいいかもしれないね」

一人の人間としては、正しい答えかも知れない。しかし上司としては失格である。必要な人材であれば、残ってくれるよう説得するのが役割のはずだ。個人としての感情と人事での対応を混同してはいけない。

パターン③ 辞めてほしい部下がいる場合

これが実は最もいい加減になりがちだ。波風立てるのも面倒だし、見て見ぬふりもできるからだ。それでももし、その部下の存在が組織にとって重大な支障をきたしていることが明らかなら、はっきりその旨を本人に伝え、それでも改善されないなら、去ってもらう決断も必要である。イヤな役まわりだが、ここまできちんとできて初めて、責任ある上司と言えるのではないだろうか。

Chapter 35

「転び方」だけは間違えるな

上司だからといって失敗を恐れることはない。人間は誰でも、必ず失敗する。

スキーでは、「転ぶ人ほど上達が早い」と言われる。怖がらずに何度も転ぶことで、打撃の少ない転び方を身体で覚え、バランス感覚も身につけられるからだ。

つまり、転ぶことが、転んでも軽傷ですむこと、ひいては転ばない自分をつくっていく。仕事でも基本は同じである。

ただ上司の場合は、立場上、失敗しながら覚えていくという方法はとりづらい。また、失敗しても、骨折ではなく、軽い尻もちですむようにしなければならない。

そのためには、早め早めに手を打つしかない。

たとえば、自分の過ちに気づいたときには、決して周囲に隠さない。関係者に正確に伝え、必要であれば協力をあおぐ。部下にも同様に、ミスは即座に報告するよう、日ごろから繰り返し言い、それがしやすい環境をつくっておく。

また、業務方針がスムーズに進行しているときにも、ただ勢いに乗るだけでなく、状況分析を欠かさないこと。そうすれば、スピードが落ち始めた段階で素早くキャッチし、方向転換ができる。完全にストップして身動きがとれなくなることはない。

こうした目配りは、現場で働く部下にはできない。一段高い視野でみつめる上司ならではの仕事である。

「そんな素早い方向転換ができれば苦労はしない」と言うかもしれない。たしかに連続して流れていく業務の中から変化を読みとることは難しい。どちらの方向に転換するかの決断は、さらに難しい。

しかし、できる人はちゃんとやっている。勘が鋭いからとか、運がいいからとか、そういう才能にもともと長けているからとか、自分とは違う要素があるからだと思うかもしれないが、実はそうではないことがほとんどだ。

スキーの訓練と同じで、要は反復と継続で身に付いていくのである。運動音痴でも、あきらめずに続けていれば、いつかは必ず華麗な滑りをものにすることができる。たとえ人より少し遅くてもいいから、その爽快感を味わってほしい。

Chapter 36

「やれ」と言う前に「やります」と言わせるには？

優しさと厳しさをどう使い分けるか。子育てと同じように、このあんばいはなかなか難しい。ただ、優しさも厳しさも、感情任せでは逆効果、ということははっきりしている。育てる側は、あくまで相手の成長につながるための、柔と剛の使い分けをせねばならない。

ここまでは子育てと同じだが、大きく違うこともある。それは、上司と部下とでは、仕事という関係で結びついている他人同士であること、そして大人同士であるということだ。当然、表現の仕方は変わってくる。

自立した大人を、仕事を通して育てる際の優しさと厳しさ、を私は次のようなやり方で表現している。

たとえば、部下に何かを指導するとき、私はすぐに答えを言わない。そのほうが実はラクなのだが、それでは部下は育たない。

こういうときは、「教えてください」というように仕向けることだ。この言葉が浮かんだ部下というのは、驚くほどの吸収力を見せてくれる。

また、会議は合議制を基本にする。

時間に余裕がないときなどは、私の独断で決めることもあるが、できるだけ部下の意見を吸収しながら決定事項を詰めていくことにしている。強制ではなく、自発的に任務を請け負ってもらい、モチベーションを高めるためである。

「やれ！」と言うのでなく、「やります！」と言ってくるよう仕向けるのである。

そのためには、ワンテンポ置くのが効果的だ。

「この件、どうしようか?」

と投げて、部下がどんな反応を見せるか観察する。

沈黙があっても、しばらく待つ。ここが正念場。しかしこの時間が長過ぎると、今度は沈滞ムードばかりが蔓延《まんえん》して悪影響を及ぼす。「沈黙は金」が、「沈黙は〝禁〟」になると心得ておくべきである。

このやり方は、決定事項を通達するだけの会議より時間がかかるし、忍耐もいる。しかし、それぞれが納得して引き受けた、という手続きを経てスタートしたプロジェクトは、その後よりスムーズに、かつ質の高い形で進んでいくケースが多い。

Chapter 37

上司の「底力」が試されるとき

部下にスムーズに「やります！」と言わせるには、他にも条件がある。

それは、上司に人間性や仕事面におけるカリスマ性があること、そして、「アメとムチ」を使い分ける知性があることである。

かつて、会議で絶妙の間で部下の手を上げさせてしまう上司がいた。

誰が担当するか、という段になると、何も言葉を発しない。手元にある資料を見ていたり、斜め上を見ているだけである。それなのに、数分のうちに必ず誰かが、

「僕がやりましょうか？」

と言うのである。あとは彼の、

「そうか、やってくれるか。では○○君頼む」

で終わりである。

ニコッと笑ったりはしない。ここで笑うのはまだ二流。内心は待ってました、と思って

も、それをおくびにも出さず、平静を保っている。

その代わり彼は、その後の業務の流れを常にしっかり把握していて、頑張っている部下には、きちんと評価の言葉をかけていた。クールなだけではないのである。

私もそれを手本として試行錯誤したのだが、そこで発見したことがある。彼がそれを可能にしたのは、単に間のとり方がうまいだけではなかった、ということである。最初は、その一連の対処法を職人芸、つまりスキルの問題としてとらえていた。しかし、それは甘かった。

いくら、全く同じようにふるまっても、そこにある種のカリスマ性、沈黙したときに確固とした存在感がなければ、効果は期待できないのだ。

しんとした空気の中に漂う緊張感。部下は、このとき上司の期待を感じとる。次の瞬間、その期待に自分が応えたい、と思わせるか、知らん顔されるのか、そこに部下の上司に対する評価のすべてが表れる、といってもいい。

だから、この手は、付け焼き刃では使わないほうがいい。吸引力のない上司が腕組みして待ったところで、効果はたかが知れている。

沈黙を操れるようになるためにも、日々の仕事の仕方が問われてくるのである。

Chapter 38

「存在感のある」上司の行動術

「沈黙は金」という諺がある。口をきかぬことが、ときには雄弁に語るより説得力がある、という意味だ。

しかしそこには沈黙する人の「存在感」が不可欠であること、そのためには日常の印象が大事であることは前項で述べたとおりである。

ここで、その日常の心構え、そして接し方の具体策を紹介しよう。

まずは、ふだんから、部下の意志にあずける勇気を培い、実際に任せること。

上司はつねに、部下よりひとまわり大きな器で物事に対処すること。少なくとも、そう印象づけられるようにふるまうことが大切だ。

だから、任せた案件がうまくいかなくなっても、決して「俺がやる」と言わないこと。その瞬間、それまでの信頼関係は台なしになる。自分がやるのではなく、その部下が自分の力でリカバーできるように軌道修正してあげるのが上司の役目である。

もうひとつは、いつでも部下に考える訓練をさせること。

「上意下達」は、自分の思うままに進められるし効率もいい。短期決戦ではこの手が有効な場合もある。しかし、長い目で見ると弊害が多い。

このやり方が部下に身についてしまうと、知らず知らずのうちに受動的な発想法になる。「指示待ち」が習い性になっている人に、会議の場で突如自発性を求めても無駄である。

上司というと、先陣を切って組織を統率していくといったイメージがあるが、実際の業務では、細々とした調整をうまくこなすといった役割のほうがずっと多い。

3つめは、最後は自分が束ねること。

ある程度自由にやらせても、そのまま責任放棄では話にならない。何か問題が起きたときは上司が前面に出て責任をとる。

「オレの上司は自分に期待してくれて、最後には何とかしてくれる」――そういう認識が、「存在感のある上司」として刻印されることにつながる。

ある県知事が県政を仕切っていく上で〝しなやか〟というキーワードを掲げているが、まさに、上司にも緩急を使いわけるしなやかさが求められているのだ。

Chapter 39

「数字」に追われたらオシマイだ

営業部門はもちろんのこと、その他の部でも、最終的には会社の利益が命題となる。上司は、それぞれの部で、その命題をいかに達成するかが問われている。

では、どうすればもっともよい結果を出すことができるのだろうか。もちろん、打つべき手はいくつもあるだろうし、専門分野によっても違ってくる。

しかし「いつも目標に追われていたら先はない」というのは、どの上司も知っておいてほしい。

私は、4年連続トップ営業マンの経験があるが、一時はつぶれそうになったことがある。飛び込みセールスが仕事だったから、最初は「とにかく多くの訪問をせよ」＝「量で勝負せよ」という「常識」を信じ、若さの力技でノルマを達成しつづけた。十何カ月も目標達成をクリアする日々は、刺激的でそれなりに充実感もあった。

しかし、いつしかそれだけが目的になっていた。そしてある日「このままでは続かない」と直感した。いまの自分は、馬力はあるがそれだけだ。考えることもしなくなっている。この先きっと、「単調でつまらない」「全然スキルが積み上げられていない」といった無力感に襲われる予感がした。

自分のまわりを見まわして、その意はますます強まった。ものすごい瞬間風速でガンガン成績をあげる営業マンは、必ずある時期から業績を出せなくなり、身体を壊したり辞めたりした。

104Pで紹介した「農耕型」に切り替えたのも、こうした経緯をたどっての結果だった。目先の利益にとらわれていると、寿命は短い。

これを部全体で考えるとどうか。全員が全速力で走れるのは限られた期間だけ。そのあとは息切れし、業績は落ちる。落とさないようにと社員を入れ替えても同じことの繰り返し。部の基礎体力が危ういので、結局は急場しのぎで、大きく伸びていくことができない。

この悪循環を断ち切るには、利益追求に追われるのではなく、それを可能にする「構造の創造」により多くの目を向けることである。

最初はそのぶん、多少の利益が落ちたとしても、先々には「収支黒」と出るはずだ。

Chapter 40

「業績」と同じくらい大切なものがある

高い業績を上げる上司は、会社から「できる上司」として認められる。当然である。しかし、それだけでいいのだろうか。

私は、「利益を上げる」ことと同じぐらい重要な仕事として、「部下の素質をいかにして伸ばすか」に心を砕くべきだと思う。

ひとつには、そのほうが長期的には会社の利益につながるからである。前項で述べたように、短期決戦を繰り返していると、結局のところ社員は「使い捨て」状態になる。そのとき、会社は潜在能力をみすみす手放しているのかもしれない。

成長を続ける強い会社は、優れた能力を持つ社員なくしてはあり得ない。わかっていてもついつい目先に……、という会社のなんと多いことか。

新しい生き方と働き方を模索したい上司は、この悪弊《あくへい》に流されない高い意識を持っていたい。

もうひとつは、上司としての「働きがい」に関わる。縁あって、自分と手を組んで働くことになった部下。部下は残念ながら上司を選べない。

その部下に「あの上司と組んでよかった」と思われることほど嬉しいことはない。

いつでも会社と自分のほうばかり向いて、部下のことを思いやらないような上司には、もちろんこんな喜びを手にすることはできない。

しかしまた、ただ親切にしたり、誉めたりするだけの上司も、そのときにはウケがよくても、あとになっては印象が薄かったりする。

心からよかったと思う上司とは、自分の能力を見出し、伸ばしてくれた上司だろう。その作業は、一朝一夕ではできない。辛抱も必要だし、各部員によって対応も変えねばならないから面倒でもある。

ときには嫌がられることを覚悟で、あえて叱らねばならないという役まわりも演じねばならない。すぐに業績につながらない仕事、すなわち会社側から評価がすぐに得にくい仕事を根気強くしていく――。これは、業績や昇進だけでものごとをはかる人にはできないだろう。

しかし、もしそれができたら、あなたは人生の財産をも手にしたことになる。

Chapter 41

部下の指導とは「自分育て」のことである

部下へのきめ細かい指導は一筋縄ではいかない。しかし、それをする意義は部下のためであると同時に、自分自身を育てるためでもある。

①たとえば、企画書の指導法。どこが弱いかどこが面白いかを説明していくうちに、自分の上司や社外へのプレゼンの弱点に気づくだろう。まさに、「他人のふり見て我がふり直せ」である。

②ときには、自分にできないことを部下に要望することがある。それを伝えながら、自分にも言い聞かせるという面もある。声に出すことで自戒する、ということでもある。

③あるいは、指導に対して部下から質問がでることもある。そこで新たな視点に気づかされたり、見過ごしていたことに気づいたり、新しいことを調べるきっかけになったりすることがある。

④「部下にばっかり言って自分はなんだ」と言われないよう、自分の発言に責任を持つようになれば、高い意識を必然的に維持することもなる。

自分のことは自分ではなかなかわからない。だから、上司は部下にそれを伝えていくのだが、実はその作業が、上司自身への気づきにもなる。

それでなくても、肩書きがつき、部下が増えていくと、何か問題があっても、それを指摘してくれる人はどんどん少なくなっていく。

そんななかで、いつのまにか天狗になっていく上司も少なくない。それは私からすれば、とてもぶざまな姿である。

そうならないためには、常に自覚的に自己チェックをせねばならない。そのチェック法のひとつが、この「部下の指導」なのである。ときには割が合わないと思っていたことが、実は宝であることを理解したい。

ただし、誰もがここに挙げたような成果を得られるわけではない。部下とのやりとりにきちんと向き合い、耳を傾け、共に考えるような前向きの姿勢が前提。いい加減な対応であれば、せっかくのチャンスも見逃してしまうだろう。

Chapter 42

リラックスして「役割」と向き合おう

「上司たるものこうあるべし」といった類の情報は、世にあふれかえっている。本書でもその役割をいくつも挙げている。

しかし、正直に言って、そのすべてをこなせる上司などいない。できなくて当然なのだ。私だって、抜けている部分はたくさんある。

だから、足りない部分があると感じても、それで自分を責める必要はない。

上司としてやるべきこと、やりたいことを数えていけばきりがない。極端に言えば、理想とは、実現しないからこそ理想なのだ。

それに、「あるべき」像に振りまわされているうちは、結局どれも中途半端で「自分らしさ」は永遠に打ち出せないだろう。個性のない上司は、魅力がないものだ。

スタンスが定まらないで悩んでいる人は、まず、自分の好みのスタイルと現在置かれている環境をよく考えることから始めよう。

「鬼上司」と「調整上司」では、全くタイプが違う。どちらにも、それぞれよいところと悪いところがある。私は後者に近いスタンスをとっているが、性格によっては、「鬼タイプ」のほうが自分らしさを出せ、しっくりくる人もいるかもしれない。

また、いまの職場で自分が最も期待されていることをきちんと理解することだ。その中で自分のできることを探っていく。私の場合は、組織力をつける、というのが最重要課題だったが、人によっては、もっと差し迫った具体的課題を負わされている人もいるだろう。

これらの組み合わせによって、自分のすべきことを定めていけば、あまたの情報の中から、何が自分にとって必要なものかが見えてくるに違いない。

あとは、腰を落ち着けて、ひとつずつ形にしていけばいい。

あわてず、肩の力を抜いて、ゆっくり自分と向き合ってみよう。

悩んだり迷ったりすると「自分は上司に向いていない」と思うものだ。しかし、それは知らないうちに刷り込まれた「理想の上司像」と比較して、そうでない自分を嘆いているにすぎないことに気づくだろう。

本当は、誰でも一流の上司になれるのだ。「理想の上司」は、あなたの中にある。

第3章

年上部下への「苦手意識」克服法

Chapter 43 「遠慮は害悪」が大前提

部下が年上だとやりにくい。

そう思っている人も、上司だからといって、べつに「偉い」わけではない、とわかれば、ラクになる。あの先輩より「偉くなってしまった」と思えば、やりにくい。しかしいままでと役割が変わっただけなら、ひるむ必要はないからだ。「偉い」から指示するのではなく、「職務」として指示するのだ。遠慮や気後れをするのはおかしいし、何よりそうした態度は、部下のほうも迷惑だ。

どのような理由にせよ、会社は年上の部下であるその人より、年下のあなたにいまの役割を期待したのである。そのことに自信を持って、妙な気づかいより、自分の課や部が成長することに集中すべきだ。

第1章でも紹介したように、インターネットビジネスに代表されるようなＩＴ事業では、

20代の人が会社を立ち上げ、その後40代、50代の人が中途採用で入社するケースが日常茶飯事になっている。このような会社では、違和感なく「年下の上司と年上の部下」という関係が受け入れられる。

たとえば、ウェブサイトの作成では、全体的なプロデュースは会社を立ち上げた若手社員が担当する。具体的なデータベースのプログラミングは、年齢にかかわらず適した人材に振り分ける。従来の会社よりお互いがフラットな関係だからスムーズに業務が展開されていく。技術革新が急速な勢いで進められている秘密の一端は、ここにもある。

この世界では、同じ技術を30年磨いてきた年長者より、短期間でも新しい技術に精通している若手のほうが技術面でアドバンテージを握っているのだ。双方が持っている能力の上限を認識すれば、年齢差はなんの意味も持たない。しかもそれがお互いの共通認識になっているから、年下でも遠慮しないし、年上のプライドが傷つくこともない。ごく自然に、年下の上司と年上の部下がやりとりできる。アメリカのネットベンチャー企業や、日本の外資系の企業についても同じことが当てはまる。

リクルートでは7～8年以上前から、役職を決める際、年齢を判断材料に入れなくなった。たとえA氏が勤続10年目を迎えていても、5年目のB氏が管理職の業務に適していれば、B氏に役職が与えられるのである。一定の経験を含めた条件をクリアしていれば、役職の任命に年齢は考慮しない――というのが、いまや社員にも当然のこととして浸透している。

今後は、このようなスタイルが従来の会社にもどんどん導入されるだろう。いままでどおり、年長者が上司、というやり方では、新規産業への乗り遅れ、人材の有効活用という面でのマイナスなど、会社に悪影響を及ぼすことが予想されるからである。

もし、ワープロひとつ使えない人がインターネット業界で管理職になり、次のようなやりとりが交わされたら悲惨である。

「インターネットとは何かね」

「パソコンとパソコンをつなぐ電話の線のようなものです」

こんなことから始めていたら、部下は無駄な時間がとられて、肝心の仕事が進まない。上司だって混乱する。双方が能力を活かせないチームから、事業成功は望めない。

しかし数年前までは、こうした場面が現実にあった。いまも一部の大手企業では、新規事業の部長や課長に、何も知識がない人材が舞い込んで、プロジェクトのストッパー的存在になったりしているという。

もし古い体質の会社で、あなたが大抜てきされたのなら、風当たりが強いこともあるだろう。考え方が古い年上部下が、反発することもあるかもしれない。それでも、やはり、遠慮は禁物だ。

年下の上司は、たしかに年上の人より経験は浅いかも知れない。が、その経験差を補ってあまりある能力も持っている。だからこそ、その役割を与えられたはずである。彼にはできないけれど自分にできること、それが何かをみつめてほしい。そして自分に出せる力を存分に発揮して、彼も含め部署の全員が満足できる役割を与え、業績を残す――、それが年上の部下に示せる最大の敬意にもなる。

万が一最初は理解されなくても、きっと手応えを感じる日がくる。目先の反応に一喜一憂していては、上司として失格である。気持ちはわかるが、その場しのぎで気がねしつづけているかぎり、部下の信用を得る日も、業績がアップする日もこないだろう。

なお、年上の部下を持つ上司が業績をあげる際には、年上部下の豊かな経験をいかに上手に活かすがポイントになる。あとで述べるように、本人にやりがいを感じてもらいながら、全体にも貢献する工夫をしてみよう。

Chapter 44

年上部下に「あいまいな要望」は禁物

私が部下を統括するようになった当初は、やはりいくつかの問題があった。いまのように年上の部下とも自然な関係が成り立っていたわけではない。

人に「上司と部下とは役割が違うだけだから気にするな」と言われ、自分でも頭ではわかったつもりでいても、実際には、どうしてもお互いが気兼ねをしてしまう。

最初、私は先輩部下に「こうしていただけると、うれしいんですが……」といったお願いの仕方をしていた。いざとなると、どうもぎこちなさが残るのである。

こんな言い方をすると、お互いの間に流れる空気が重くなる。次に要請するときには、もっと弱腰で接するようになってしまうという悪循環に陥った。

どこか煮え切らない仕草を見せる上司の要望を快く引き受けるわけがない。何より、要請の内容の真意が正確に伝わりにくくなる。

上司である私が、心のどこかで「部下に嫌われたくない」と、びびっていたのかもしれない。要するに、部下との信頼関係が構築できていなかったのだ。ついには、業務がお見合いになってしまうということも起こってしまった。

本来、その年上部下にうってつけの、経験が必要とされるような大事な仕事まで、私や若手社員がやる状況を招いてしまったのだ。私自身はそのぶん勉強になったから、貴重な体験ではあった。しかし、年上部下の能力を活かすことには失敗した。得意技が使えず、楽な仕事ばかりもらっていたその部下が、それでやりがいを感じていたかどうかも怪しい。また、若手の部下たちも、年齢によって使い分ける私の姿は、決して好意的には映らなかったに違いない。

誰でもこうした失敗を経て、新しい関係へと移行していくのではないだろうか。

私の場合、「これではダメだ」と意識を切り替えるのに、2カ月ほどかかっただろうか。これといったきっかけはなかったが、ぎこちなさが仕事の楽しさまで奪うのがイヤだった。「どう思われようと正しいと思うことをすべきだ」と、腹をくくったらラクになった。

それ以降は、年齢に関係なく、その人に適した課題を堂々と要請することができた。面倒な仕事でも、その先輩部下に一番ふさわしいと思えば、はっきりとした理由を添えて依頼した。問題は何もなかった。気づかいより筋を通すこと――その大切さを痛感した。

Chapter 45

組織運営には
プロ野球をお手本に

本書で述べる上司観や部下観は、日本の会社組織ではまだまだ浸透していないが、他の組織では、自然に実践されていることが多い。たとえば、プロ野球界。

①上司は偉い人がなるのではなく、その役割にふさわしい人がなるべきだ

プロ野球各チームの監督やキャプテンを思い浮かべてほしい。任命されているのは、必ずしも選手として第一線で活躍してきた人とはかぎらないことに気づくだろう。すべてのチームに当てはまるわけではないが、リーダーシップに秀でていたり、理論的な説明をできる選手が任命されるケースが多い。また得てして、そういう人が名将として評価されている。

選手時代に優秀だった人は、「オレがやって見せているとおりに真似しろ」式の指導法に陥りやすいが、こんな方法では、選手に理解してもらえるわけがない。

「私にはできないが、君の場合は○○にしたほうがいい」

これが指導者に求められる姿である。

会社でも同じだ。営業で社内トップの数字を残した社員なら誰でも、上長として部を統括する能力に秀でているわけではない。

「いいからオレについて来い。黙ってやれ」では、部下がどう自分の能力を発揮していいかわかるわけがない。

②必ずしも上司が高い給与とはかぎらない時代がくる

ご承知のとおり、プロ野球では、監督よりも第一線で活躍している選手のほうが多額の報酬を手にしている（長嶋監督のような例外はあるが）。多くの会社は、トップ営業マンより上長のほうが待遇がいい。しかし、これからの時代はわからない。

③仕事の現場では年齢による序列は二の次

試合のグランド内で後輩が先輩にパスを出すとき、敬語を使うなどという心使いは無用である。チームメートとして共に戦う間は、それぞれの役割に徹する。グラウンドを出て初めて、後輩は先輩に対して敬語で接する。社内でも、年齢差は関係ない。その代わり、仕事が終わって一緒に飲みに行ったようなときは、先輩として敬えばいい。

Chapter 46

ベテラン選手を活用できる「名監督」になる方法

野球の世界には、ホームランを量産するような華々しいヒーローもいれば、2番バッターでセカンドを守るベテラン選手もいる。こちらは、どちらかと言えば地味でスポットが当たらないポジションだ。

バントの指示を、与えられた任務としてきっちりこなし、最終回の突然の守備命令にも忠実に役割に徹する……、そんな選手である。彼らは、本当は高度な技術を要するのに評価されにくく、それでも不平をもらさない。

実は、こうした選手がいるチームは強い。言い換えれば、地味な存在を活かせるか否かが、監督の手腕として問われるのである。

かつてある球団で、将来性豊かな新人投手ばかりが起用され、ベテランの先発投手が干される年があった。派手な一流の選手を揃え、好成績が期待されていたその球団は、しかし散々たる成績に終わった。

そして翌年、監督が交代した。新監督は前年にはほとんど登板機会を与えられなかったベテラン選手たちに再び出番を与え、チームを優勝に導いた。

まさしく選手起用の違いが成否を決めたのである。

新監督は、「年齢」ではなく「能力」で選手を起用したチーム編成をスタートさせた。プロ入り前から華々しい活躍をしてきた若手投手の台頭ばかりに期待を膨らませていた前年の監督に対し、シーズン前のキャンプから、若手投手とベテラン投手を同じスタートラインに立たせて競争をさせた。

そして、若手の成長を止めず、同時にベテラン投手の力も活用するローテーションを編み出した。好不調の波が激しい若手投手をベテラン投手が安定した力でカバーする、そんな絶妙の流れを生み出したのである。

考えてみれば、彼がふるった采配は「能力があるから登板機会を与える」というごく自然な考え方にすぎない。もう歳だから中継ぎにまわすとか、登板回数を減らすというのは、選手一人ひとりの能力を見いだそうとしない、安直なやり方である。

このように、スポーツを例にとって話せば、誰でも納得がいくのではないだろうか。

しかし、いざ会社組織にこの図式を当てはめると、急に歯切れが悪くなる。たしかに、会社組織の硬直性は、野球チームと同列には扱えないが、上に立つ人の発想ひとつで組織が変わる、という点では同じである。

せっかく上司という立場にあるのだから、自分らしい采配をふるいたい。

先の例から学べることは、次のようなことである。

①ベテランの使い方が勝敗を分ける

ベテランのやりにくさにばかり意識がいきがちであるが、彼らは自分にも若手にもない財産を持っているのもたしかである。それをいかに引き出すか、である。

②若手とのバランスが必要

若手とベテランの持ち味を活かし、弱いところを補充しあえれば、最強の組織編成が可能となる。なかなか難しいサジ加減が求められるが、途中で軌道修正しながら形づくればよい。大切なのは、いつもこのことを念頭に置いておくことである。

③競争意識を利用する

お互いが仕事上で純粋に競い合うことは、成長の起爆剤となる。色眼鏡なしで起用するボスだと認識してもらえれば、自分をアピールすべく等しく奮起するはずである。

④結果を出せば、評価される

どのような戦術をとろうとも、結局は「勝てば官軍」である。人と違うやり方をするときは、歓迎されないで当然と思っていい。結果を出せば認めざるを得ないのだから気にしないことである。

Chapter 47

「時間」は最良の解決策にもなる

自分より早く入社した先輩や、自分を採用してくれた人が部下となる――。長年にわたって築かれた上下関係を変えていくのは、いくら辞令とはいえ戸惑いがあって当然だ。相手だって、後輩が上司になったら、最初は心中穏やかでないことだろう。それが普通の人間だ。

時間をかけて培われた上下関係を、新たな関係に置き換えるには、お互いに消化しなければならないことがある。そしてそれには一定の時間がかかる。

人は、辞令ひとつですっぱり切り替わるものではない。スタートしてからしばらくは、うまくいかなくても決してあせることはない。

なんとかしなければと、酒に誘ったり話し合いの場をもったりしても、この時期にはなんの効果も出ない。下手をすれば、ますますこじれる。好きな女性を振り向かせようと、相手の気持ちも考えず強引な策に出ても逃げられるだけ。それと同じである。

もちろん、お互いのフィーリングというものはある。

しかし、それと信頼関係とは別物である。

人の気持ちは一瞬では変わらない。しかしいつかは変わるというのもまた事実だ。

実際にいくつかの仕事を一緒にし、その過程で数々の問題に直面しながら、お互いの距離感は縮まっていく。そこで相手のいい部分を発見できれば、自然に心が通じていくだろうし、逆に意外な本性を見抜いてしまっても、寛容なかまえで仕事は仕事と割り切って姿勢を崩さなければ、やはり信頼関係は生まれてくる。


自分に自信を持っていれば、あとは理解しあえるときを待てばいいだけだ。あせってじたばた動くことをやめて、そのぶん浮いた時間は、上司として何ができるかのプランづくりに費やそう。

Chapter 48

年上部下に対する自分の気持ちを整理する

部下が年上でやっかいだなあ、と思う心の中では、どんな気持ちが渦巻いているのだろうか。

「いちいちつっかかるような反応でやりきれないよ」

これは、相手があからさまに拒否反応を示している場合。

「あんなに後輩として可愛がってくれた人に指示を出すなんて……」

これは気兼ね。

「どう考えてもあの人のほうが優れている。そんな人の上には立てない」

これは腰が引けている場合。劣等感も感じられる。

では、それぞれの気持ちの解決法はどこにあるのだろう。

最初のパターンは、とりあえず無視するしかない。どんな反応でも気にせず、普通に接していこう。個人の感情とビジネスとを混同するような低い次元の人間と同じ土俵に乗っているヒマはない。その人の態度は、まわりの人間も苦笑しながら見ているはずだ。こちらから手を下さなくても、そのうち反省して改めるか、もしくは孤立するかのいずれかだろう。

第2の「気兼ね」は、発想を変えてみてはどうだろう。いまこうした立場にいるのは先輩のおかげ。それだけ先輩が与えてくれたことが役に立ったのだ。可愛がってくれたのは、ビジネスマンとして成長することを期待してのことだろう。だったら、これからも、その期待に応えるように喜んでいまの仕事に励めばいい。

最後の「劣等感」は、能力差を嘆いても仕方ない、ということにまず気づくべきだ。そのうえで、少しでも追いつくように努力すればいいのだし、同時に、上司という立場でいえば、彼の優れた点を最大限活かすシステムをつくることだ。

与えられた任務の中で、部下とのつらい場面に直面すると、そのことに気をとられて本来の業務への集中力が落ちてしまう。だから、やりにくさを回避することは、自分自身のためであると同時に、組織に業績を残さねばならない上司の責任でもある。

極言すれば、発想の転換ひとつできない上司は、その時点で失格だ。

Chapter 49

人生の先輩として見ればチャンスをくれる恩人だ

年上の部下は、仕事を離れれば人生の先輩である。

だから業務以外では、上司―部下の関係をはずして敬意をもって接しよう。このルールは、部下からはつくりにくいものだ。だから上司が積極的に態度で示していくしかない。

私は、大学時代から敬語を使ってきた先輩が、いま年上部下となって一緒に働いている。職場では敬語を使わずに接する機会も多くなった。

でも、プライベートタイムになると、大学時代と少しも変わらない。私は彼の後輩である。ごく自然に敬語に変わる。

それは、私が彼の上司になっても、彼より偉くなった、などと少しも思っていないからだ。仕事上の立場が変わっても、お互いのパーソナリティ、そして2人の間で培われてきた関係には何の変化もない。幸いなことに、先輩のほうでも、同じ考えだった。

「人生では、先輩は一生先輩」

上司と部下の関係は、人生という大きなステージの中の、職場という一部の関係にすぎない。

ここまで長いつきあいではない年上部下との関係でも、同じことが言えるのではないだろうか。

仕事を離れれば、上司も部下もへったくれない。解放された個人と個人が対峙《たいじ》する。そして目の前の人生の先輩からは、学ぶべきことがいくらでもある。

たいそうな人生訓を期待しているのではない。何気ない話題の中に織り込まれる、その人のたどってきた道、そこから得た考え方、そんなことが自分の生活に大きな参考になったりする。誰であれ、人生の年輪そのものに、教えを乞うに値するものが刻まれているものである。

組織の論理の枠から自由になれば、あなたはそうした財産を得ることができる。

Chapter 50

強烈なライバルほど強いパートナーシップが築ける

これまで、年上の部下、というくくりで語ってきたが、実は、その人との年齢差によって、事情は変わってくる。すでに年齢が10歳以上も離れている場合は、大きな逆転であるがゆえに、かえって自然に仕事上の関係だと割り切りやすい。上司―部下を超越して、むしろ親子関係に近い感情を抱くせいかもしれない。

人生においても仕事歴においてもはるかに先輩にあたる場合、若輩の上司より数段深い懐で、柔軟に対処してくれるからでもある。

しかし部下が同世代で少しだけ年上だと、少々やっかいかもしれない。この場合、上司―部下の逆転現象が起きたとき、部下は評価が逆転＝負けた、と受け取りがちで、そのぶんショックが大きいからだ。その心の葛藤が表に出て、ぎこちない関係が続くこともある。

こうなると、上司側のストレスもかなりのものだろう。

だが、この突破口は、まさにその関係の中にあるのだ。「あいつが上司でオレが部下」、それを悔しく思うということは、彼には、その上司に対する強烈なライバル意識が存在する、ということである。そして、ライバル意識が存在するということは、どうであれ、あなたの力を認めている、ということである。そうでなければ全く気にしないか、無視するはずである。

いまはその並々ならぬエネルギーがマイナスに働いていても、相手を認める、というプラスの方向に向かせることができれば、その信頼関係もまた強烈なものになるだろう。要は、2人が「上下関係」ではなく、同じ組織で別の任務を持つ「同志」になればいいのだ。

その共通認識を持てるための最初のはたらきかけは、上司の側の役目だ。日常の接し方は他の項で述べてきたことと同じでいい。

ただそれとは別に、どこかでじっくり話し合ってみるのもいいかも知れない。お互いの仕事に対する思いなど、共感する部分もあるだろう。上司と部下ではなく、同じ職場で働き同じ情熱を持っている人間同士として腹を割って話してみれば、誤解が解けることもある。

ライバル意識を燃やすような人は、仕事に対する高いプライドもあるだろうし、実際デキる人も多い。その能力と手を組めば、お互いさらに大きく成長するはずである。

Chapter 51

「仕事ができるベテラン」の本当の欲求とは？

年上部下にはどういう仕事を与えるべきか、を考える際に参考になる話をしよう。

某保険会社に営業に行ったときに、相談を持ちかけられたことがある。いわゆる「引き抜き」である。

「実は営業マンが足りなくて……」

その保険会社は、営業経験が長いサラリーマンを次々に引き抜いていた。そして、引き抜きたい営業マンに決まってこう聞いた。

「あなたは、いまの仕事に満足していますか？」

引き抜きの対象となるのは、中間管理職に長年身を置いている人が大半を占めていた。

「あなたはいまのままでいいですか？　もっと可能性を伸ばすべきではないんですか？」

さらに、続ける。

「現場での経験を通じて、いまよりもっと能力に見合った報酬を受けとるべきだとは思いませんか？」

こんな殺し文句を用意されてはたまらない。「そうだ、冴えない中間管理職より、自分の武器である営業力でガンガン稼ぐほうがやりがいがある」と心は動く。

こうして、多くの営業マンがこの会社に行き、成功を収めた。同様の現象は、外資系企業で広く起こっていた。

彼らは、入社前の話のとおり、給与額が倍増した。文句のつけようがない。

ところが――。その中で、入社後、会社側にクレームを突きつける人が出現した。

「全然、話が違うじゃないですか！」

何が違うのか。実は、彼らは現場ではなく、管理職に命ぜられたのである。

「同じ管理の仕事なら、前の会社に残っていた」

年収アップだけでなく、やりがいを求めて転職した彼らにとっては、上司の肩書きは少しも有り難くなかったのである。仕事に技と自負を持っているベテラン社員にとっては、その仕事を活かせることこそが最大の喜びだった。

ちなみに、その保険会社は、その後、引き抜きにあたって、現場での採用と管理職での採用との枠を分けた。

Chapter 52

「母と息子」の関係を応用する

リクルートには、女性職員だけで構成されている業務委託の営業チームがある。職員の平均年齢は40代。とても若々しくて活気に満ちたチームである。

仕事の内容は異なるが、生命保険の営業部の雰囲気に通じるものがあるかもしれない。

私は、立場上、彼女たちの上司であるが、ここでは上司も部下も吹っ飛んだ関係になっている。

部下というより、優しくて頼れるお母さん、あるいはお姉さんといった感じだ。

といっても、彼女たちがいつも優しいわけではない。ときには上司である私に対して、率直に要求を出してくる。

「高城さんの言うとおりにするけど、あなたも同行してね」

会社に残ろうとする上司の思惑を知ってか知らずか、ストレートに要望するのである。

ときには、「来るって言ったくせに来なかったわね。今度は頼むわよ、上司!」などと、蜂の一刺しを食らうこともある。

これらは、年上の女性部下ならではのコミュニケーションの取り方だ。迫力満点で、思わず「はい」と言ってしまう。

けれども、私はこの関係が心地いい。女性は、男の競争社会とは別の論理で働きがいを求めている。だから序列に固執するということがないのだろう。

裏を返せば、それだけ昇進のチャンスが閉ざされている、ということなのかもしれない。それはそれで問題だが、こういう肩書きにとらわれない姿勢は、すがすがしいし、大いに学びたいと思っている。

生命保険会社の男性支店長が体調を崩すケースをよく耳にするが、よくよく話を聞いてみると、女性チームとの人間関係にあつれきが生じているようである。自然な人間関係を崩して、無理に上司の威厳を誇示しようとして失敗した例だ。

私は、ここではここの流儀に従う。たとえば、「明日までにお願いしますよ」と厳格な口調では頼まない。それでも、仕事は決してなれ合いにはならない。彼女たちはプロ意識が高い。だからこそ、安心して軽い口調でも話せるのだ。

「大丈夫、任せておいて」。息子を見るような目で即答する姿は誠に頼もしい。

Chapter 53

どこまでを「プライベート」にしているか

年上部下が他部門から異動してきたとき、歓迎会の席で、「一発食らわす」上司がいるという。自分の配下にあることを、年上部下に誇示するというのだ。

「最初が肝心だ」

昔ながらの上司―部下、〝師弟〟関係の契りを、飲み会の席で強要するということだろう。その上司は必死なのだろうが、はっきり言って見苦しい。

ここはビシッと言っておかないと――。こんな過剰な気負いは、自信のなさの裏返しでしかない。たしかに最初は肝心だ。しかし押さえておくべきことは、序列の確認ではなく、「なるほど彼が上司なら」という仕事ぶりを示すことのはずだ。

ところで、よく問題になることだが、飲み会は仕事の一部なのだろうか。私は歓迎会も含めて、飲み会は仕事ではないと考える立場をとっている。

だから、飲み会の場になれば、私は年上の部下にも率先してビールをつぐ。年輩の方につぐのは自然な行為だからだ。年上の部下がビールをつぎにくるのを待っているのはおかしい、と思う。

なかには、暗に目で「つげ！」と訴えかける上司もいるが、私の価値観では、それは公私混同である。年上部下だけではない。年下の部下にだって、飲み会の席で上司としての威厳を誇示する必要は全くない。

座る場所も、年上部下が上座で一向に構わない。もちろん、会議などでは上司として上座に着く。先輩部下だから上座に、と配慮するのは変である。ふだんは先輩として敬い、仕事では上司に徹する。その切り換えをわきまえる、ということだ。

日常の何気ないやりとりでもそうだ。

「ちょっと、ジュース買ってきてくれない？」

就業時間内であっても、これは仕事ではなく〝個人的なお願い〟の範疇《はんちゅう》だ。若い部下には部下という意味ではなく、若い人に、という意味で頼むことがたまにあるが、年上の部下には決して頼まない。この場合、反対に、上司のほうから年上部下に「買ってきましょうか？」と言ってもいいくらいだと思っている。

Chapter 54

なめられたくない、と思うなら……

「年上の部下になめられたくない」。それは皆同じだろう。しかし、そう思っていながらどうしていいかわからない人や、間違った対策を講じている人も多い。

間違った対策とは、虚勢を張ったり、知りもしないことまで管理したがったりすることだ。どちらもかえって心証を悪くする。

部下はしっかり上司の品定めするものだ。一度「こいつはたいしたことないな」という判定が下ったら、それなりの応対しかしなくなる。

表面上は変わりなくても、心の中でそっぽを向いていることもある。

いずれも上司がもっとも恐れることのひとつである。

虚勢や必要以上の管理は、それらを助長する可能性が高い。

部下に足元を見られないためには、違う方法をとらねばならない。「こいつはすごい」、そう思わせるにはどうしたらよいか。

まずは、部下の問い合わせや相談にしっかり応えること。そしてこの人に聞けばなんとか解決策が見えてくる、と思わせる返答ができることである。

そのためには、

①社内外の情報収集は欠かせない。社会にだって疎いのはまずい。毎朝の新聞をどんなふうに読んでいるだろうか。スポーツ欄と一面と三面だけで終わっていたりしないだろうか。経済面や国際面も、仕事の一貫としてちゃんと把握しておきたい。かといって一字一句漏らさず読まなくてもいい。見出しをチェックするだけでもずいぶん違う。

②いつでも好奇心を持って、アンテナを張っておこう。義務感ではなく、自分が楽しめるような形で、各種の集まりや飲み会などに気軽に足を向けてみよう。

ただし、情報に振りまわされるのは、それでまた害悪だ。適度に取捨選択すること。情報は量より質、だから。

それでも応えられないことは必ずある。そういうときはわからない、と率直に言う。

ただ、ときには〝はったり〟も必要だ。ここでいう〝はったり〟とは、知ったかぶりではない。たとえば部下の前で、上司にドンとものを申す、などのように、誰とでも堂々と渡り合う、ということだ。いわば度胸、度量の問題である。

第4章

明日から試したくなる具体策

Chapter 55

まずは、役職名で呼ぶのをやめてみる

リクルートでは、役職名で同僚の名前を呼ぶ風習はない。社長も含めてすべての社員が「○○さん」と呼び合っている。

役職名で呼ぶことで、無意識のうちに個人と個人の結びつきの間に壁ができることもある。逆に「○○さん」と呼び合うだけで、どこか両者の距離が近くなったような気になる。仕事においては対等の立場、という暗黙の了解も生まれやすい。

たかが呼び方の問題と言われるかも知れないが、もし、いま役職名で呼び合っているのなら、自分の部署でだけでも、取り払ってみることをお勧めする。

遠慮なく何でも言える環境に近づき、無意味な気をつかわず業務に集中できる効果が期待できると思う。

また、「○○さん」で呼び合う関係ができていれば、将来「管理する立場」と「される立場」の役まわりが変わったときも、同じように「○○さん」で呼び合える。そのぶん違和感がない、という効用もある。

それまでの先輩が部下になって「部長」とか「課長」と呼ばれてやりにくい人には、とくに実行してほしい。

「課長」や「部長」といった呼称が定着すると、役職名が自身の名前のようになっていくものである。

するとなぜか偉くなったような気になったりする。「課長」と言われて、どこか誇らしげに思う。「部長」と言われようものなら、椅子にふんぞり返る——。でもこれからのビジネスシーンには、そんな光景は似合わない。

あるいは、その肩書きを背負って会社にいなくてはならないといった強迫観念が植えつけられることもある。さらには、知らず知らずのうちに肩書きで人を見る癖がついて、その人固有の個性をみつめる前に、役職に左右されるようにもなりがちだ。人を見る目が鈍るのは、ビジネスにおける大きなマイナスだ。

呼称を変えるだけで、自分がそんな愚かな落とし穴にはまらないですむのなら、試さない手はない。

Chapter 56

年上のプライドの保ち方

いついかなる状況においても、仕事ベースで接する姿勢を崩すことはない。しかし、だからといって年上の部下に気づかいは不要か、といえばそうではない。

誰にでも、プライドがある。

経験豊富な社員は、若い社員よりも仕事に対するプライドを持っているのが普通である。それだけの実績を積んできたのだから。プライドも持てないような社員では逆に困る。

若い部下は、上司からの忠告や注意やアドバイスを、どんどん吸収しようと向かってくる。

これに対して上司より年齢が上だったり、在社年数が長い部下は、それほど単純にはいかない。上司といえども、言っていることの一つひとつ吟味するかのような警戒心を表す。なかには、全くこちらの言うことに耳を傾けようとしない部下もいる。

そういう生意気な部下にはシビアに接すればいい、と考える上司もいるかもしれない。

しかし、私は部下が仕事に対して持っているプライドを配慮するのも、上司の役割であると自分に言い聞かせている。

たとえば、ふだんから人間としての敬意を示す言葉づかいを心がける。「おはよう」ではなく「おはようございます」。「やってくれ」ではなく「やってください」と言う。何かを頼むときは「お願いします」を忘れない。

また、要望の内容は遠慮しないが、要望の出し方には工夫をする。こちらの要望に対して反論されたとき、どちらを選択しても影響がないときは、相手にゆずることもある。

さらに、若手部下の前では決して怒鳴らない。怒鳴られた年上部下のプライドが一気に崩れてしまうからだ。怒鳴られたことで感情的になるばかりでは、注意したところで効果も期待できない。

要するに、貫き通すべきことと一歩引くべきところをわきまえながら使い分ける、ということだ。

Chapter 57

年上部下に仕事を与える際の2つのポイント

日本の会社は長らく「年功序列」だった。これは一見年上の人を優遇しているように思えるが、給与以外で眺めてみると、そうでもないことがわかる。

自分のまわりの年長社員を思い浮かべてほしい。いきいきとチャレンジしつづけている人、輝いている人がどれだけいるだろうか。

ベテランをうまく使いこなせないのは、実は、日本の会社組織の伝統なのである。だから、ベテランを活かすノウハウもないのだが、野球の例でも示したように、その采配が業績に大きく関わってくることに着目すれば、間違いなく上司術に磨きがかかる。

まずは、「若い部下は数をこなせるから新規の営業が適している」「年長者は売り上げ実績がある取り引き額の大きいお客様を中心にする」――そんな型どおりの要望はしないことである。最初はそのほうがラクだ。せいぜい若い部下が陰で舌打ちするくらいで、年上部下には、苦労させないぶん丸く収まることだろう。

しかし、その組織に展望はない。

ベテラン社員だって、やりがいがほしい。売り上げが大きいぶん、多大な功績を残したようで、実は誰がやっても変わらなかったりする仕事では、そのうち意欲が薄れる。

もし、ベテラン社員の能力や経験を認め、それを最大限に活かそうという思惑があるのなら、次の2つの要件を満たす課題を提示することだ。

①あえてある程度の負荷をかけたものにする。量でも質でもいい、何らかの努力を必要とする課題を与えよう。

②新たな挑戦を含ませる。未知の内容を盛り込むことは、その人のさらなる成長につながり、ひいては労働意欲の向上になる。しかしそれまでの経験が全く活きないような課題は、会社にも本人にもマイナスである。

そのうえで、課題を与えるときに、なぜそれをお願いするのかをきちんと説明できること。言葉づかいは居丈高でなく、頼りにしている、期待しているという気持ちを込めて。ただし、へりくだる必要はない。

なかには「俺は、そんなのはイヤだよ」などと反発する部下がいるかもしれないが、いったん決めた要求は引っ込めず、毅然と「お願いします」と上司の役割に徹することだ。

Chapter 58

「やっかいな」年上部下も「大切な」年上部下に変えられる

年上の部下は、経験が豊富で高い能力も持っている。その人を自分のストレスの素にするのか、心強い味方にするのかは、あなた次第である。

普段の接し方の基本や、与える業務の内容については前項で述べたとおりだが、このほかにも、若手社員とは違った対応術がある。

そのひとつが、「ジャブ」の打ち方である。年上の部下には、若手部下以上に、何を期待しているかをにおわせておくのだ。

たとえば、部内の雑談などのときにさりげなく、「このプロジェクトの進行管理は、○○さんぐらいでないととても務まらないでしょうね」と一言添えておく。

こうしておくだけで、その業務自体はもちろん、類似の能力が必要とされる仕事が突如舞い込んできたときにも、自然にその人に資料がいくような雰囲気になっていたりする。

本人も、たらい回しの仕事ではなく、自分の力を認めた上での仕事だと認識すれば、気もちよく、そして責任感を持って取り組むはずだ。

優れた上司とは、具体的な役割を与えるだけでなく、ふだんから各部下の〝守備範囲〟を本人にも部内全体にもにおわせる、という先手を打つのを欠かさないものなのだ。

年上部下が〝場ふさぎ〟ではなく〝推進力〟となれば、上司にとってはこの上ない戦力である。優れた武将には優れた参謀がいる。年上部下にはぜひ参謀役になってもらいたい。ジャマだなあ、やりにくいなあ、と思っていれば、必ず相手に伝わってしまう。まずは、その悪循環を断ち切って、この人は私に必要な人材だ、と思うこと——第一歩はそこからだ。

あとは、ケースバイケース。年上部下にもタイプがあれば、上司にもタイプがある。武将と参謀にいたるまで、アプローチの仕方は人それぞれでいい。

積極的にわからないことを聞きに行くことで「頼りにしています」ということをアピールする方法もあれば、できるだけ自力で頑張ることで「彼も精一杯やっているから力になってやろう」と思ってもらう方法もあるだろう。

相手と自分のキャラクターを考えて、無理のない形で進めていこう。

Chapter 59

誰もやりたがらない仕事をどう任せるか

各々の部下に適したミッションを与えるという上司の任務を、営業用語で「テリトリー(仕事管轄)分け」という。

細かくて地味で売上額が低い業務がまわってきた部下は、上司によるテリトリー分けでハズレくじを引かされたような気になってしまうものである。部下にそう思わせないように、できるだけ全員が満足できるようにテリトリー分けするのは極めて難しい。華やかで売上額が大きい仕事ばかりではないからである。

当然、一部の社員にはしわ寄せがいくこともある。そして、そうした仕事は新人社員に割り振りがちである。若い部下なら、何事も経験だという意義づけができるし、「やってくれない?」とひとことですませることができて簡単だからだ。

しかし、一人ひとりの抱えている仕事の状況や、必要とされる技量などと照らし合わせたとき、その任務が、中堅、あるいは年上部下に適しているときもある。

そんなとき、イヤな顔をされることを覚悟で、「やってください！」と要望するのが、上司の役割である。実は私も最初はどうしても言えなかった。だが、それでは一人前ではない。こういうことは何度でも起こる。その度に、円滑な仕事運びより、気づかいを優先していたのでは、いずれ仕事に支障が出る。どこかの時点でふんぎらなければならない。ただ、苦労をかけたということをきちんと認識して、それを部下にも伝えるべきである。つらいけれど、今回はあなたに……。苦渋の選択であることが伝われば、年上部下も一度や二度はふんばってくれるだろう。

その代わり、別の機会では、感謝の意味も含めていいポジションを与えるなど、努力に報いる方策も用意する。同じ人に何度も要望するのも御法度だ。全員がほぼ等分になるように配慮したい。こうして「部下の痛みがわかっている」ということが通じたら、ときには部下のほうからさっと手を差し伸べてくれるようにもなる。

ある会議で、例によって誰もが受け持つのを嫌がる仕事が浮上した。自分に割り振られないようにと、みんな下を向いている。そのとき、「じゃあ、僕がやりましょう」と自ら手を上げてくれた人がいた。年上の部下だった。上司としてその部下に心強さを覚えると同時に、一人の人間として感謝と敬意の気持ちでいっぱいになった。

Chapter 60

「聞く」のを怠ける上司に未来はない

上司になって、会議や業務が増えてくると、部下とゆっくり接する時間は、どんどん取れなくなってくる。「よくないなあ」とは思うが、目の前の仕事に追われついつい先延ばしに――。そんな上司がほとんどなのではないだろうか。

しかし、今日からは、「部下の話を聞く」という仕事を業務の優先順位の上位にきちんと位置づけることだ。会議の場、あるいは部下からの声かけに向き合って、じっくり耳を傾けるのだ。一度でもいい加減な対応をして「この上司は聞いてくれない」というレッテルを貼られたら、修復には、その何倍もの時間がかかる。

とりわけ、年上部下から何か情報を伝えてくるときには、それ相当の問題意識があってのこと。クレームだろうとなんだろうと軽く受け流してはならない。仮に、その部下とは全く別の考え方だったとしても、その忠告から、何かをくみとる、少なくともくみとろうとする姿勢を見せるべきだ。

また、待つだけでなく、短時間でもいいから、一対一のコミュニケーションを意識的に図ること。他をさしおいてでも励行すべきなのには、それなりの理由がある。

③部下に安心感を持ってもらうため

部下は、いつでも自分を見てくれていることを望んでいる。それが「わかってくれている」につながり、いい仕事を生み出す原動力ともなる。仕事をしている部下のそばにちょっと寄って声をかける、それだけでいいのだ。逆に言えば、これさえできていない上司が多いということである。

②問題を素早くキャッチするため

部下の心理としては、失敗やうまくいっていないことは声に出しにくい。しかし、ふだんから風通しをよくしていれば、のっぴきならないところに来る前にキャッチして、小さな傷ですむ。

①部下が握っている現場の情報を活かすため

現場には、グランドデザインのヒントが眠っている。会議の場では何も出なくても、雑談から「そういえば」と掘り出し物の情報が飛び出すことがある。また、会議ではほとんど発言しない部下が、一対一で聞いてみると、面白いことを考えていたりする。

Chapter 61

都合の悪いことの受けとめ方

表面上でどんなに毅然としている上司でも、内心は自分をどう評価しているのか、本音を聞いてみたいと思っている。

「自分の言っていることを、部下はわかってくれているのだろうか?」

「周りの人はみんな、自分のことを支持してくれているのだろうか?」

上司もしょせんは人の子、唯我独尊《ゆいがどくそん》で強引に突っ走っているように映っても、部下の反応が気にならないわけがないのだ。

「先日のプレゼンテーション、すごくよかったですよ」

部下としてはお世辞で言ったつもりでも、上司は快くそのお誉めの言葉を授かろうとする。めったに誉められない上司にいたっては、その瞬間に人生最大の喜びを見出すかもしれない。少々大げさだが、お世辞でも、誉められるというのは嬉しいし、忙しい日常を忘れさせてくれる癒しの効果も含んでいるのではないだろうか。

ところが、それ以外の言葉となるとどうだろう。

「あのプラン、準備はまだこれからなんですね。本当に実現できるんでしょうか」

などと、痛いところを指摘されたときの反応はまちまちだ。

「君に言われる筋合いはないよ」

感情的に返して終わる上司。部下にカッコ悪いところは見られたくないという虚栄心だ。気持ちはよくわかる。その心は、誰だって部下に対してはカッコよくありたいから。

また中間管理職として、上からの要請にどう応えようかと四苦八苦し、一刻も早く業務を形に表さなければならないあせりと格闘しているときに、

「まだ態勢が整っていないので、時期尚早のような気がしますが……」

などと言われたら、「人の気も知らないで」とムッとするのもよくわかる。

しかし、その想いをストレートに出していては、上司としてのスキルアップは望めない。

それに、弱点を指摘されたとき、それを覆《おお》い隠すことこそカッコ悪い。カッコいい上司とは、否定的発言をもきちんと受け止めて、今後の策に有効に活用する人だ。

また、部下に自分の苦労をわかってほしい、というのも甘えた考えでカッコ悪い。部下より多くの給料をもらっている上司は、「わかってもらう」のではなく、「わかってあげる」

ために存在していることを忘れてはならない。

私はときどき、自分が部下だったときを思い出すことがある。

肩書きがない時代の私は、上司に対してストレートに意見を言うタイプ、はっきり言えばかなり生意気な部下だった。

「今日の会議での部長の話し方は、メンバーのやる気を損わせるような言い方だと思います」

そんなことも、平気で直接言っていた。叱咤激励《しったげきれい》のつもりで発言した部長にしてみれば、カチンときてもおかしくない。しかし、私の上司たちは、私よりずっと大きな度量の持ち主だったから、そんなときもしっかり私の言葉を受け止めてくれた。当時は正論なのだから当然だと思っていたが、いま同じ立場に立ってみると、彼らのすごさを痛感する。

ただ、手前みそで付け加えれば、彼らが向き合ってくれたのは、私が真剣に仕事をし、部内の雰囲気が少しでも良くなるようにという一心で発言したからだろうとも思う。

言い方はどうであれ、それが善意から発せられた言葉なのか、それとも、嫌がらせの類なのかはわかるものだ。

しかし、たとえ後者の言葉を浴びせられても、感情的になってはならないのが、上司のつらいところではある。

私の友人は、着任早々、年上部下に、

「お手並拝見、ってところで、頑張ってくださいよ」

と言われたという。そこには明らかにイヤミな含みが感じられたが、すかさず、

「せいぜい、頑張らせてもらいますワ」

とかわしたらしい。

売り言葉を買ってしまったらおしまいだ。

私は、年上部下の指摘は、その内容がどうであれ、

「ご指摘、すごく助かります」

と素直に言うのが正解だと思っている。これが上司としての度量、いや一人の人間としての懐の深さではないだろうか。

Chapter 62

「寡黙な」な年上部下の心を開かせる方法

年上部下にも、さまざまなタイプがある。若い上司の方針に必要以上に異論をはさむ人もいれば、逆に自分の意見を極度に押さえる人もいる。どちらもやりにくい。とくに、どんな意見であれ、反応を示す人には対応のしようがあるが、口を閉ざしている人は手のほどこしようがない。

彼らはなぜ何も言わないのか。ひとつには、若い部下と違って、寛容さやガマン強さが備っているからだろう。

「言いたいことはあるけど、俺がガマンすれば丸く収まることだから……」

組織全体がうまくまわるよう配慮して、つつしみ深く見守っている人たちだ。

あるいは、もっと実際的な理由の人もいる。家族を養っている一家の大黒柱ともなると、へたな言動で処遇に関わってはたまったものではない。「出る杭は打たれる」を恐れて守りに徹している人たちだ。

私は、どのような人であっても、

「どんどん言ってください」

と、ふだんからうながすようにしている。一方通行は組織にとって決していい環境ではないからだ。上司は本音を語れる部下を持たねば組織を強くできない、とも言える。それでも、

「まあ、気にしないでください」

とするりと逃げられることもある。そういうときは、次にどうするか。とにかく声をかけつづけるのだ。会話の合間に、「何か気になるところ、ありませんか?」とひとことはさんでみるなど、気長にうながす。

「とくに……、ないですよ」

少しでも煮え切れない返事だったら、念を押す。

「でも、実はあるでしょ?」

「そこまで言われると……」

こうくればしめたものだ。いったん話をしてくれて、それに真摯《しんし》に対応できれば、あとは、自然に会話が成立するようになるだろう。

「しっかり対応」と言っても、それを実行するにはときに忍耐も必要だ。たまたま猛烈に忙しいときに声をかけられたら、つい、

「あっ、あとにしてもらえませんか」

と素気ない態度になることもある。あるいは、やっと口を開いた部下から出た要望が、

「入口のそばに座っている私がなぜ、宅急便の判こを押さないといけないんですか？」

「空調をつける手続きを誰が総務にお願いするのか明確ではありません」

「他の部に比べて福利厚生をうまく使えてないような気がします」

などと、こちらの期待とは全く違う次元のささいなものばかりだったら失望する。

しかしパンドラの箱を開いたからには無碍《むげ》にはできない。無視したくなったり、こんなことにしか関心がないのなら、とはたらきかけるのをやめたくなるが、ガマンするしかない。

もちろんすべてに答える必要はない。ただ、きちんと聞いている、という姿勢を保つのだ。「あなたの意見はできるだけ理解してあげたいと思っていますよ」という姿を見せることこそが重要なのだ。

ふだんからそういう姿勢でいれば、いつか「本当に聞くに値する意見や情報」をも手に

する日がくるだろう。

また、「年上の部下から聞き出す」という点では、プライベートの状況把握も指摘しておきたい。

40代以上ともなると、子どもの進学問題や親の面倒など、プライベートでの課題が増えてくる。自分の体験していないことは、うっかりしていると配慮が足りなくなりがちだ。部下のほうも「年下の上司にこんなことを話してもわかってもらえないだろう」という心理がはたらくケースが多い。

残業や出張をどんどん指示し、部下も黙って引き受けて、その結果、実は家庭に大きな被害を及ぼしていたとしたら、知らなかったから、ですませるわけにはいかないと思う。

プライベートには干渉しない。それが私の基本スタンスだ。しかしこの場合は干渉ではなく「配慮」である。これは、人間として当然の「配慮」であり、全力投球できる業務を適切に要望するための「配慮」でもある。

Chapter 63

「否定的発言」にはヒントが隠れている

前項で、年上部下が寡黙なワケを述べたが、多くの場合、報告が少ない理由はべつにある。彼らの口数が少ないのは、若い部下より余裕を持って業務を進めているからである。

そういう部下が一度口を開いたときの意見には、重みがある。

たとえば、彼らはその豊かな経験から、突っ走りがちな若い上司よりもリスク回避に長《た》けていることが多い。

「言いにくい話なんですけど、気になっているところがあるんですよ」

年上の部下がこう言いながら近づいていたときは、上司に見えていない価値ある話であると踏んだほうがいい。

「あの会社は、いい噂を聞かないです。取り引きしないほうがいいのではないでしょうか」

長い年月をかけて作った情報網からさまざまな噂を聞きつけて、値千金のリスクマネージメント（危機管理能力）を発揮してくれることもよくある。本来なら上司にあってしかるべき部分をカバーしてくれているわけだ。しかし、この取引が大口で、上司自身が大乗り気だったりすると、ネガティブな意見を「水を差された」と受け取ってしまうこともある。

「実際にその会社の人間と会ったことがあるんですか?」

などとその意見を却下することを口走り、それでおしまいになったりする。でもここは、

「ぼくには見えていませんでした。ありがとうございます」

と言うべきだ。その真偽は定かでなかったとしても、まずひとこと素直に発すれば、今後もその部下は、何か気づいたときには、必ず注進してくれるだろう。間違っても、

「君は、そんな心配をしなくていいから、自分の業務をしてくれ」

などと反応しないことだ。

中には、誤った情報を流して、上司の足を引っ張ろうとする人がいるかもしれない。しかし、それが見抜けなかったとしたら、それは上司としてあなたの資質に問題があるのだ。そんな心配のために聞く耳を持たないというのは、理由にならない。

仮に10の情報のうち、ひとつしか役立なかったとしても、そのひとつを与えてくれたことが重要なのだ。

Chapter 64

事務職の女性は「秘密兵器」になる

一般的に、部下というのは、自分からはいい話しかしてこない。私も入社当初はそうだった。どうしても上司に誉められたい心理がはたらいて、悪い印象を与える話は封印した。業務がうまく進んでいる様子だけをわかってもらおうとするのである。

「今日は僕のミスで、お客様に怒られました」

こんな報告を随時、正直にしてくる部下は皆無に等しい。

「すごくいい話があって、先方の社長と盛り上がってしまいました」

これならよく聞く。満面の笑みを浮かべてこう言ってる部下には、一緒に喜んでねぎらってあげよう。

しかし、それだけで安心していてはいけない。部下の言うことを額面どおり受け取るだけなら誰でもできる。上司なら、その言葉から、いったい何が盛り上がったのかを読みとらねばならない。もしかしたら、盛り上がったのは飲み会の席だけで、肝心の仕事では何も盛り上がっていないかもしれない。

知らず知らずのうちに一喜一憂しがちな若い部下の場合は、少し注意すれば、その話しぶりから、おおよそは察しがつくようになるだろう。

だが年上部下ともなると、一筋縄ではいかない。たとえ調子が下降気味でも、最終的には帳尻を合わせる術を経験で身につけているから、いちいち上司に報告しない。そのぶん安心して業務を任せられるとも言えなくはないが、失敗したときが怖い。一度口を開いたときには、驚愕《きょうがく》の事実を突きつけられる――などということもある。それを防ぐためにも、年上部下にも密な報告を求めるのはもちろんだが、それでも改善されない場合は、事務職の女性が頼りになる。

女性の目は鋭い。ある面では、上司よりよほど観察が徹底している。私も何度か彼女たちに助けられた。ある友人も、

「○○さんは、スケジュールと行動が違います」

と指摘されて、初めて年上部下の不穏な動きに気づいた。その後調べて見た結果、売り上げ報告の多額のごまかしが発覚したという。彼女たちもそういう意味では、重要な戦力だ。あの嗅覚だけは、いくら学んでも、身につくものではない。

Chapter 65

自分でできることの範囲を決める

「部長」「課長」という肩書きで呼び合う会社では、上司と部下の年齢が逆転してしまうと、よりシビアに見がちである。

役職を重視するということは、序列を重視するということ。年齢だって、上というだけで服従しなければならない暗黙の了解が社内にあるだろう。部下は上司に服従するものなのに「年下の」上司――このねじれ現象が不自然な対応を引き起こす。

あるメーカーを訪問したときのことである。

相手は、やり手で有名な若い部長。私たちが商談を進めているときは、とても温厚で好感が持てたのだが、その人より明らかに年上の部下が部屋に入ってくるや態度が一変した。

「どうしてこんなことができないんだ。早急にやりたまえ」

それまでの柔らかな口調は一転し、人を見下した態度にとって代わってしまったのである。いくら部下だといっても、年上の人に対する態度としては違和感が残った。

そう言われた部下が何も言い返せず、肩を落としている姿も痛々しく映った。その後、その部下の人と話をする機会があったのだが、聞いてみると思ったとおり、上司の言動にストレスを感じていた。いったん不満を漏らしはじめると止まらなくなったようで、部外者である私に対して、やり場のない怒りがとめどなく向けられた。

職務が上司へと変わった途端、「キミ」と大きな足音を鳴らして近づいてみたり、「～クン」付けでその部分にアクセントをつけてみたり、言い方を命令調に変えてしまう若手の上司たち。彼らにしてみれば、そうして威厳を保たないとうまく統率がとれないということなのだろう。自信のなさや不安の裏返しでもある。

口のきき方だけではない。威厳誇示のために、不必要に部下をアゴで使う人もいる。あからさまではなくても、似たような言動をしている人は案外いるのではないだろうか。

しかし、ただでさえ上司は部下を見下すようなことがあってはいけないのだ。ましてや、人生の先輩に変に気負って接する姿は見苦しい。言葉で威圧しないでも、内容が伴っていれば、任務は遂行してくれる。自分でできることはさっさと自分でする。そういうスマートな上司でありたいものだ。

Chapter 66

古い体質の会社ならではのふるまい方

もし、年功序列的発想が色濃い会社で、突如若手のあなたが大抜てきされたなら、周囲の期待は並々ならぬものがあるだろう。現場での仕事ぶりが大いに評価されたに違いない。

当然だ、と受け止めた人も、嬉しいけれど不安がある人も、年上を部下にするなんてイヤだと思っている人も、自信を持って上司の役割に取り組んでいけばいい。

ただし、気配りは忘れてはならない。

うまくやっていけない、と弱気な人は、ストレスもたまるだろうが、私から見れば、上司になっただけで天下を取った気分で強気な人より、よほど可能性がある。

「僕がすべてを変えてみせます」

こうした気概は必要かも知れないが、言葉や態度に出すのは禁物だ。

古い体質の会社は、一日や二日で変えることはできない。若い上司に「仕える」なんて……と反発されても仕方ない。摩擦が起きてもそれが当たり前だと思い、長期的展望に立って少しずつ進んで行くようにしよう。それを成し遂げれば、上司であるあなた自身が、ひとまわり大きくなっているだろう。

「この会社は上司である私に何を求めているのか」

「先輩部下や同僚が私に期待していることは何なのか」

「自分自身はこの立場で何ができるのか、そして、何がしたいのか」

まずは、こうしたことを、頭の中でじっくり整理する。自分なりの答えがみつかれば、この先何が起こっても、右往左往せず、基本方針に沿って対処していける。

自分自身がしっかりしていないのに、あせって突発的な行動に走る、といったことも防げるし、部内で少しずつ新しいルールを決めていくときにも役立つ。

では、日常の態度はどうあるべきか。

たとえば上長の会議。

部長、副部長、次長、部長代理、課長、課長補佐、課長代理、係長……、並みいる顔は全員年上。ひとりだけ若い部長のあなたへの視線はよそよそしい。さて、あなたはどこに座るか。

下座でよい。

副部長は上座を進めるだろう。それでも、

「いえ、ここ（下座）でいいですよ」

と昇進前と変わらぬ態度で答えればいい。さらにどうしても、と言われたら固辞することもないが、基本は下座でいいのだ。

「私は役職では上になりましたが、あなたたちの後輩で勉強中の身ですから」というスタンスを貫く。彼らの発想には、そういう姿勢が最もフィットするだろう。

会議の席順なんて、本来、何の意味も持たない。あなたは、それを譲ったとしても平気だろう。ここでは、そんなことに意味を感じている人たちを刺激しないのが一番だ。

たとえば、こんなところで自分らしい新風を、と意気込み、

「席はくじ引きで決めましょうか？」

などと発言したら、反発は必至である。その場で浮いてしまうだけで、意識改革にはつながらない。その結果、本当に実現したいことまでも、通らない関係になるかもしれない。

私の価値観では、こうした態度はナンセンスである。何を譲って何を譲らないか、は結局その人の仕事観、ひいては人生観にもよるのだろう。

私は、体面に関することはすべて妥協しても何とも思わない。それで仕事がうまく進むならお安いご用だ。

その代わり、仕事の中味では絶対妥協しない。若手上司に期待されるのは、これまでにない発想での事業展開だと思うからだ。また、そうでなければやりがいがない。

年上の部下を持つ上司たちへ

2001年5月7日　第1刷

著者　高城幸司

編集協力　アイティ・コム／渡辺淳二

発行者　田村隆英

発行所　EVIDENCE GROUP
株式会社情報センター出版局
〒160-0004 東京都新宿区四谷2-1四谷ビル
電話03-3358-0231 振替00140-4-46236
URL http://www.4jc.co.jp

印刷　萩原印刷株式会社

©2001 Kouji Takagi
ISBN4-7958-3542-X
定価はカバーに表示してあります。落丁本、乱丁本はお取り替えいたします。

情報センター出版局の本

●

一流ホテルマンが教える

お客様対応術

箭内祥周(日本ビューホテル株式会社代表取締役)・著

「心をつかむプロ」ホテルマンのノウハウを通して、
満足をつくりだす接客術やトラブル処理法、
部下への上手な教え方などを伝授

●

証券マン社外秘日記

相場昇・著

「儲からない」にはワケがある。
大手証券会社の元エリート営業マンが
証券会社の舞台裏を初めて暴露した赤裸々エッセイ

情報センター出版局の本

●

20世紀名言集
【大犯罪者篇】

犯罪心理研究所・編

「羊たちの沈黙」レクター博士のモデル、ヘンリー・リー・ルーカスから
宮崎勤・酒鬼薔薇聖斗まで
世界を震撼させた殺人者たちの言葉を通して人間心理に迫る異色名言集

20世紀名言集
【大経営者篇】

A級大企業研究会・編

ビル・ゲイツから本田宗一郎まで
あの経営者あの大企業についての基礎知識が
名言を通して学べる画期的ビジネス書

20世紀名言集
【スポーツマン篇】

ビジネス心理研究所・編

ジョーダンから中田英寿まで、
ビジネスに役立てる超一流選手・指導者の「強さの秘密」。
スポーツ書196冊分のドラマと発想をコンパクトに集大成

20世紀名言集
【科学者/開発者篇】

ビジネス創造力研究所・編

アインシュタインからウォークマンまで、
時代を変えた発明・発見・開発のストーリーが、
これ1冊で丸ごと理解できる本。文系ビジネスマンも必読

情報センター出版局の本

●

保険会社が教えてくれない
自賠責保険請求ガイド

柳原三佳・著
石川和夫(損害保険代理人)・監修

異義申し立ての申請方法から査定制度の最新トピックスまで
業界人も知らない情報満載。
強制保険を100%受け取る本

●

これからどうする
自動車保険徹底ガイド

柳原三佳・著
海道野守(事故情報調査会代表)・監修

自賠責から任意まですべての疑問に即答。
保険料・保険内容・保険会社のデータと裏情報を公開。
自動車保険のデータベース